Investir dans l'immobilier pour devenir rentier

Éditions Eyrolles
61, bd Saint-Germain
75005 Paris
www.editions-eyrolles.com

ISBN : 978-2-416-00507-7

Nathalie Cariou

Investir dans l'immobilier pour devenir rentier

Comment investir dans l'immobilier et en vivre

Éditions
EYROLLES

Sommaire

Partie 2

4 stratégies gagnantes pour investir dans l'immobilier

Partie 4
Quel immobilier, quelle que soit votre situation

Introduction

De là où je suis, aujourd'hui, je m'étonne du nombre de personnes qui sont encore dans la routine métro-boulot-dodo, fatiguées ou résignées de ne pouvoir en sortir. Et pourtant, il n'y a pas si longtemps, je n'avais jamais entendu parler d'investissements… encore moins de liberté financière.

Il a fallu que j'attende d'avoir un peu plus de 40 ans pour m'intéresser à mes finances personnelles, et réaliser qu'elles étaient dans un piètre état.

C'est généralement lorsqu'on est confronté à une crise qu'on se réveille et qu'on se met à bouger. Je ne fais pas exception à la règle.

2008 : je me sépare du père de ma fille. Cohabitation forcée dans un appartement où nous avons vécu une dizaine d'années, le temps de trouver un appartement à louer pour elle et moi. La réalité vient me frapper en plein visage : jamais je n'arriverai à louer un appartement avec deux chambres à Paris avec ce que je gagne ! J'étais psychothérapeute à l'époque, installée en libéral, et je ne roulais pas sur l'or. Impossible de présenter à un propriétaire trois fois le montant du loyer qui me serait demandé !

Moi qui n'avais jamais considéré l'argent autrement que comme un « mal nécessaire », qui ne m'étais jamais intéressée à mes finances, je me suis retrouvée rattrapée par la réalité ! J'avais laissé tomber la gestion de mes finances personnelles – elles me laissaient tomber à leur tour !

Les hasards de l'existence ont fait le reste : une coach que je suivais régulièrement proposait un stage de 2 jours ayant pour thème « Fixer ses tarifs et se réconcilier avec l'argent ». Je suis curieuse, j'ai du temps, je m'inscris.

Ce sera mon premier pas dans un univers totalement inconnu jusqu'ici : celui des finances personnelles, de notre rapport à l'argent (pas toujours sain), des investissements.

J'ai réalisé tout d'un coup que la situation financièrement peu avantageuse dans laquelle je me trouvais était la conséquence logique des décisions que j'avais prises – et de celles que je n'avais pas prises ! – pendant ces 20 dernières années. Rétrospectivement, elle était inévitable puisque je n'avais jamais appris à m'occuper de mes finances personnelles, et que j'avais appliqué sans aucune prise de recul un programme largement enseigné par la société : celui qui propose comme unique option de vie de travailler pour gagner de l'argent, que l'on dépensera ensuite en « consommant ».

J'avais donc fait comme tout le monde : travailler, consommer… et oublier qu'il y avait d'autres manières plus intelligentes pour gagner de l'argent que d'échanger son temps contre celui-ci (ce que l'on appelle communément travailler).

Pour complexifier un peu les choses, j'avais depuis longtemps choisi la voie de l'entrepreneuriat. D'abord comme consultante en marketing, puis comme psychothérapeute, finalement comme coach et formatrice. À mon compte, investie dans mon travail, capable d'en changer quand j'avais fait le tour de la question… Mais sans plan B en cas de maladie et sans grandes illusions sur le montant de ma future retraite.

Lorsque vous faites difficilement face au quotidien et que l'âge légal de la retraite n'est plus qu'à deux décennies du présent, il est plus que temps de s'intéresser à l'argent !

Un stage après l'autre, une formation après l'autre, de lecture en lecture, j'ai finalement :

- compris que je devais prendre soin de mes finances ;

- travaillé sur ma relation à l'argent ;
- rajouté à mon vocabulaire un mot qui n'y figurait pas jusqu'ici : investir ;
- découvert l'univers des investissements.

J'avais 43 ans quand j'ai réalisé mon premier achat immobilier. J'avais choisi l'immobilier par affinité mais aussi pour son principal avantage : l'accès au crédit.

En toute franchise, mon premier investissement était un peu démesuré – pour quelqu'un dont les revenus étaient inférieurs à 1 000 euros par mois : un appartement de 163 m^2 en plein cœur de Paris, reconverti depuis en centre de bureaux partagés. Un investissement que j'ai pu réaliser grâce à un très gros emprunt, en adoptant plusieurs des stratégies que je vais partager dans ce livre. Avec un apport important également : inutile de se bercer d'illusions… un banquier qui vous prête 800 000 euros attendra de votre part que vous participiez avec vos deniers personnels ! Chose possible quand on arrive à 40 ans et qu'on n'a jamais investi de sa vie.

Ce premier achat a réglé définitivement la question de la retraite : quoi que je reçoive du gouvernement, je sais que j'aurai une excellente retraite grâce aux revenus de cet investissement. Si j'ai continué à investir ensuite dans l'immobilier, c'est par passion ; parce que l'immobilier est un jeu amusant et rentable, lorsqu'on en connaît les règles.

Je me suis sortie d'une situation difficile ; je me suis créé une vie où j'ai le choix d'arrêter de travailler sans que mon niveau de vie en pâtisse, grâce à mes investissements, en particulier immobiliers.

J'ai aujourd'hui plusieurs biens immobiliers, tous répondant aux critères des stratégies à haut rendement que vous découvrirez dans ce livre, et je forme des aspirants candidats à la liberté financière.

Ma vie se partage aujourd'hui en trois tiers :

- Un tiers du temps, je suis investisseuse. Je travaille sur mes propres projets – notamment immobiliers. Vous retrouverez mon dernier projet à date sur ma chaîne YouTube : https://www.youtube.com/user/Lesecretdelargent
- Mais je suis aussi entrepreneuse : j'ai aujourd'hui 7 sociétés en activité et cela demande un peu de gestion !
- Le dernier tiers, je suis coach en intelligence financière : j'apprends aux particuliers et aux professionnels à modifier leur regard sur l'argent, à se réconcilier avec, à le mettre au service de leur vie, à investir pour gagner de l'argent autrement. Internet est mon allié, qui me permet de proposer des formations en ligne (voir ici : https://univers-retl.com). Et j'interviens régulièrement dans les médias (télévision, radio ou presse écrite) pour sensibiliser le plus de personnes possible au fait que l'argent est une limite dont tout le monde est capable de s'affranchir, en en gagnant suffisamment.

Si j'ai voulu écrire ce livre, c'est parce que je suis profondément attristée du nombre de personnes qui se privent d'une vie plus riche (dans tous les sens du terme), qui se privent de réaliser leurs rêves, d'avoir le style de vie qu'elles veulent vraiment… soit parce qu'elles n'ont pas les clefs pour investir de manière rentable… soit parce qu'elles ne s'en donnent pas la permission… soit parce qu'elles ne sont pas dans la « meilleure » posture pour investir.

Nous explorerons ensemble 7 bonnes raisons d'investir dans l'immobilier et tordrons le cou à 7 idées reçues, mille fois entendues et pourtant sans grande légitimité, qui pourraient vous dissuader d'agir et d'accéder à autre chose.

L'immobilier permet de diversifier ses revenus, de s'enrichir, de vivre de ses rentes, de se construire un autre style de vie. À condition de connaître les investissements immobiliers qui rapportent, d'éviter les pièges, de mettre en place les stratégies gagnantes de l'immobilier, que nous verrons dans la deuxième partie de cet ouvrage.

Trouver une bonne affaire, obtenir son crédit, effectuer des travaux (parfois), aménager, équiper et meubler, trouver des locataires, gérer ses biens… sont des passages obligés de l'immobilier, que je vous décrirai en détail dans la troisième partie, avec autant de solutions et d'outils concrets pour que vous vous lanciez avec toutes les chances de succès, même s'il s'agit de votre premier achat. Sans oublier la fiscalité, enjeu de taille, si vous ne voulez pas redonner à l'État la majeure partie de ce que vous aurez gagné.

L'investissement immobilier a une voie royale : celle du CDI. Vous êtes en CDI (ou bien fonctionnaire), vous gagnez correctement votre vie (pas besoin d'être milliardaire !), vous n'avez pas de dettes, êtes jeune, beau (?) et en bonne santé, la voie du crédit – et donc de l'immobilier – vous est largement ouverte.

Mais si vous êtes moins jeune ? un peu moins en forme ? entrepreneur, en CDD ou même sans emploi ? Si vos comptes sont à découvert et que votre épargne est à plat ?

Tout n'est pas possible mais il y a des solutions, que nous explorerons dans la quatrième partie de ce livre. Vous verrez ce que l'on peut faire en investissant dans l'immobilier, en étant un Français somme toute ordinaire. Quels que soient votre âge, votre statut professionnel et votre situation financière.

Quelle que soit la question que vous vous posez sur l'immobilier, vous trouverez la réponse dans ce livre, illustrée de cas concrets, d'exemples réels et d'éclairages d'experts spécialisés dans tel ou tel type d'investissements, à qui j'ai demandé de venir compléter certaines stratégies avec leur point de vue particulier.

Vous découvrirez également au fil des pages qui suivent les réponses à des questions précises, telles que : faut-il faire appel à un ou deux notaires ? Qu'est-ce qu'une conciergerie ? Combien de chambres dans la colocation idéale ? Comment faire faire des travaux quand on est une femme ?… Ainsi que des encadrés techniques où vous apprendrez à calculer votre rentabilité ou votre amortissement.

L'ensemble de ces calculs est également accessible sur Internet en suivant ce lien : https://nathaliecariou.com/calculs

Vous y retrouverez des pages prédéfinies, qui faciliteront vos calculs.

Puisse ce livre vous convaincre d'investir dans votre avenir et vous donner l'impulsion nécessaire pour passer à l'action ! C'est mon vœu le plus cher.

Partie 1

POURQUOI L'IMMOBILIER ?

J'ai voulu vous présenter dans ce livre des stratégies rentables, efficaces et parfois innovantes pour investir dans l'immobilier.

Mais pourquoi l'immobilier ? Est-ce le bon moment pour investir ? N'y aurait-il pas mieux à faire ?

Commençons donc par faire le tour des bonnes raisons que vous auriez d'investir dans l'immobilier aujourd'hui. Mais aussi de ce que j'appelle les mauvaises raisons : les idées reçues, les « on-dit », les *a priori*, souvent entendus, jamais vérifiés, véhiculés par ceux qui, souvent, n'ont jamais investi.

Chapitre 1

7 raisons pour investir dans l'immobilier

Le marché immobilier sur 40 ans : ça monte plus souvent que ça ne baisse

Vous avez peut-être déjà entendu ce dicton concernant l'immobilier : « On n'attend pas pour acheter de l'immobilier. On achète de l'immobilier et on attend. »

Car l'immobilier est une classe d'actif*[1] dont l'évolution au cours du temps est plutôt à la hausse. Ça ne veut pas dire qu'il ne baisse jamais ! Mais là où la Bourse aura des cycles de vie « courts », avec des krachs boursiers tous les 810 ans, l'immobilier pourra augmenter presque sans à-coups pendant 25 à 30 ans consécutifs.

1. Les termes marqués d'un astérisque sont définis dans le glossaire en fin d'ouvrage.

C'est donc un investissement de long terme : vous achetez aujourd'hui et vous savez que sur le long terme, vous ne serez pas perdant ! Vous ferez une plus-value* qui couvrira le plus souvent l'inflation et le coût de votre crédit (voir au chapitre 3 le calcul de votre plus-value immobilière).

Voici, à titre d'illustration, l'évolution des prix en France sur les 25 dernières années.

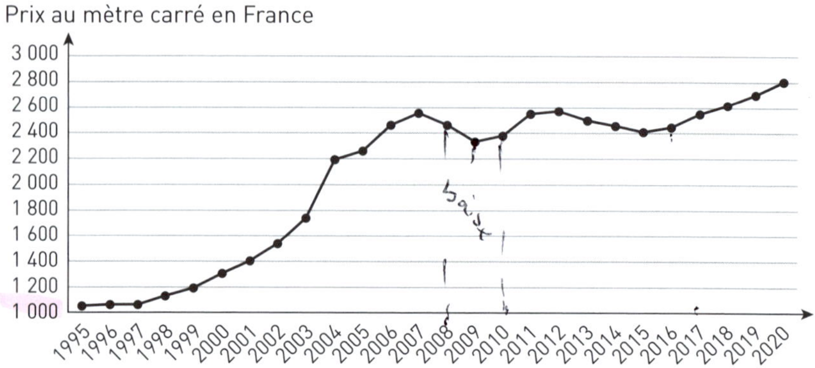

Figure 1 – Évolution des prix de l'immobilier entre 1995 et 2020

Source : FNAIM.

On y observe bien les cycles longs du marché immobilier : les prix ont effectivement baissé entre 2008 et 2010 après 10 ans de hausse ininterrompue. Et la croissance du marché a repris depuis.

À 65 ANS, UN TOIT SUR LA TÊTE, C'EST BIEN !

- 58 % des Français sont propriétaires et pour 82 % d'entre eux, ils ont acheté leur résidence principale. (Recensement de l'INSEE, 2020)
- L'âge moyen du premier achat immobilier s'établit à 32 ans. (Étude Harris Interactive pour les Notaires de France, décembre 2019)

- 75 % des Français perçoivent l'immobilier comme un objectif de vie. (Sondage Opinionway pour le courtier immobilier Artemis, 2019)

Leurs motivations sont diverses : ne pas jeter l'argent par les fenêtres ; pouvoir aménager son logement à sa convenance ; faire un bon investissement pour l'avenir… Elles ne sont peut-être pas toutes justifiées – nous y reviendrons – mais il n'en reste pas moins que **détenir de l'immobilier sans crédit arrivé à la retraite** est une excellente idée.

L'irrégularité de plus en plus courante des parcours professionnels aujourd'hui ne permet plus de garantir à tous un niveau de retraite satisfaisant : en 2020, 533 700 retraités bénéficiaient du minimum vieillesse ou de l'allocation supplémentaire d'invalidité (statistique de la CNAV).

Selon le rapport annuel 2020 du Conseil d'orientation des retraites (COR), si les revenus globaux des pensionnés dépassent encore d'environ 3 % ceux de l'ensemble de la population, cette tendance pourrait s'inverser – et le niveau de vie des retraités être de 5 à 10 % inférieur à celui de la moyenne des Français d'ici 2040.

Si en 1980, 100 euros cotisés donnaient droit à 13 euros de pension annuelle, en 2010, ces mêmes 100 euros ne donnaient plus droit qu'à 7 euros de pension annuelle. Le niveau des retraites en pourcentage des euros cotisés n'a fait que baisser depuis 1960.

Arrivé à la retraite, être propriétaire d'un bien immobilier dont on aura fini de payer le crédit permettra, au choix :

- de ne plus avoir de charge de loyer – donc de compenser l'écart de niveau de vie dû au passage à la retraite ;
- d'avoir des revenus locatifs qui deviendront un complément de revenus – et de retraite.

Je recommande à tous mes clients d'avoir au moins un bien immobilier « à eux » arrivés à 65 ans. Pas nécessairement leur résidence principale cependant ! En réalité, un bien locatif est aussi intéressant qu'une résidence principale :

- il offre des revenus complémentaires ;
- il peut devenir une résidence principale si les circonstances de la vie vous y contraignent.

En restant locataire de votre résidence principale, vous gardez une flexibilité plus importante, vous pouvez changer plus rapidement de lieu de vie – et payez souvent moins cher de loyer que l'équivalent en remboursement d'emprunt pour le même type de bien !

Mais on ne peut négliger le fait que devenir locataire après 65 ans peut être difficile : la loi Alur* protège les seniors aux faibles revenus de toute éviction (ou presque). Ce qui était conçu comme une protection par le législateur s'est retourné, comme souvent, contre la population qu'elle prétend protéger : les propriétaires bailleurs, sachant la difficulté qu'ils auront à récupérer leur logement quelles que soient les circonstances s'ils louent à quelqu'un de plus de 65 ans avec de faibles revenus, auront tendance à tout faire pour éviter cette situation.

Une personne de 65 ans à la recherche d'un logement à louer sera *de facto* défavorisée au profit d'une personne plus jeune. Être propriétaire non occupant d'un logement, même plus petit, même dans une autre zone géographique, sera peut-être alors votre bouée de sauvetage !

Prendre sa retraite avant 60 ans

Qui n'a jamais, un jour de fatigue intense, rêvé d'arrêter de travailler et de prendre sa retraite à 30, 40 ou 50 ans ? Pour faire autre chose, voyager ou profiter de la vie, ne rien faire ou faire du bénévolat !

Les raisons pour mettre fin à l'activité qui vous rémunère aujourd'hui peuvent être nombreuses : fatigue, perte de sens, travail physique un peu moins supportable lorsqu'on vieillit, envie d'ailleurs, difficulté à supporter une hiérarchie parfois contradictoire ou trop exigeante, burn-out, envie de voler de ses propres ailes en créant une activité à son compte, besoin d'exprimer d'autres talents plus manuels, plus artistiques…

Pourtant, la plupart des personnes porteuses de cette envie de changement se sont résignées : « Impossible, il faut bien gagner de l'argent. » Ou elles comptent sur une chance statistiquement bien maigre (une chance sur 19 millions) de gagner le gros lot du loto !

Trop rares encore sont celles qui s'emploient à créer ce que l'on appelle **des revenus automatiques*** :

- des revenus qui ne dépendent pas de votre temps de travail ;
- qui peuvent tomber tous les mois « sans rien faire » ;
- que l'on peut développer en parallèle, puis en remplacement, d'une activité professionnelle.

Développer de tels revenus permet d'accéder à ce que l'on appelle **la liberté financière***.

La liberté financière c'est, dans un premier temps, la possibilité d'avoir suffisamment d'argent pour couvrir ses besoins (sans nécessité de les réduire !), payer les études de ses enfants, faire face à tout type de situation (chômage et confinement compris).

C'est ensuite élargir le spectre de ses choix de vie : choisir son lieu de vie et son mode de consommation, choisir son activité professionnelle – salarié, à son compte ou rentier !

Enfin, c'est choisir une vie plus responsable en ayant le choix de la manière dont on utilise son temps.

La liberté financière, c'est considérer le temps comme plus important que l'argent – et mettre son énergie à **gagner de l'argent d'une manière qui ne sacrifie pas son temps**.

L'immobilier est au cœur de ces investissements automatiques (on parle aussi de revenus passifs ou alternatifs) qui offrent la possibilité de devenir rentier et de prendre sa retraite bien avant l'âge légal.

Je souhaite vraiment que vous alliez plus loin dans la lecture de ce livre, mais si vous deviez arrêter en chemin, j'ai une seule question pour vous :

Qu'est-ce qui vous empêche aujourd'hui de vivre de vos rentes, de changer de métier ou de prendre votre retraite, **dès maintenant** ?

Si c'est l'absence de revenus alternatifs, ce livre pourrait vous apporter quelques pistes d'investissements.

Si votre réponse est « Ce que je fais me plaît », je vous félicite mais j'ai une autre question :

Pendant combien de temps pensez-vous que cela vous plaira encore ?

Et qu'en serait-il si vous aviez le **choix** de continuer ou non à faire ce qui vous plaît ?

Si vous ne vous étiez jamais posé la question, si la seule réponse qui vous vient s'apparente à « C'est comme ça que va la vie », je vous encourage vivement ne serait-ce qu'à imaginer une autre alternative.

L'IMMOBILIER, UN PLACEMENT CONCRET ET COMPRÉHENSIBLE

Le marché des investissements se divise en deux grands groupes : les placements financiers* et l'immobilier.

Les placements financiers

Les placements financiers recouvrent de multiples investissements, plus ou moins rentables.

Le plus connu – et le moins rentable – est le livret A (0,5 % de rémunération à l'heure où j'écris ces lignes). C'est un livret réglementé dont la rémunération est théoriquement fixée pour couvrir l'érosion monétaire liée à l'inflation*. En pratique, il rémunère aujourd'hui ses détenteurs en dessous de l'inflation.

Le livret A ne vous rapportera pas d'argent. Mais il continue à faire partie de l'arsenal des placements plébiscités par les Français, peut-être à cause de sa facilité de fonctionnement et de son niveau de risque, excessivement faible.

À l'opposé, la Bourse fait peur, parce qu'elle est risquée, qu'elle n'offre aucune garantie – mais aussi parce qu'on ne comprend pas tout. Les placements financiers ont cette particularité d'être immatériels, encore plus à l'heure de la digitalisation où les titres (actions ou obligations) ne se présentent plus sous forme de bons au porteur mais sous forme de simples lignes de code sur un écran d'ordinateur.

Difficile d'appréhender la réalité d'une action qu'on achète ou qu'on vend d'une simple pression sur un clavier d'ordinateur, qu'on ne voit pas et qu'on ne peut pas toucher. Dont on ne sait même pas où elle est « stockée ».

Et je ne parle pas des dernières évolutions technologiques : blockchain, cryptomonnaies, NFT et tokenisation des actifs*… qui seront plus que difficiles à appréhender pour bon nombre d'entre nous. Et pour cause : nous sommes ici dans le monde du totalement dématérialisé !

Autant certaines personnes, familières des abstractions, s'accommoderont très bien d'un placement constitué de lettres et de chiffres, autant d'autres auront besoin de plus de concret pour comprendre, se projeter, avoir envie d'investir.

L'immobilier est là pour ça !

L'immobilier, investissement tangible

Rien n'est plus concret qu'un terrain, un appartement ou une maison… que l'on peut toucher, qui reste à sa place et que l'on ne peut pas déplacer. À moins d'une catastrophe (inondation, incendie, glissement de terrain, etc.), impossible de le perdre par mégarde ou de se le faire voler.

C'est peut-être pourquoi l'immobilier reste le placement préféré des Français. Nous bâtissons ou achetons des biens construits (majoritairement) en pierre, faits pour durer, qui donnent à chacun l'impression de détenir quelque chose « pour de vrai » (à la différence d'une action non matérialisée).

Puisque l'être humain reste un être ancré dans un territoire, ayant besoin de voir et de toucher pour s'approprier le monde, l'immobilier a de beaux jours devant lui.

D'autant qu'à la différence de la Bourse, parfois difficile à comprendre, **la « science » de l'immobilier reste accessible au plus grand nombre**.

Certes, il y a quelques règles à connaître… notamment pour qui veut faire de l'immobilier une source de revenus… mais dans les grandes lignes, tout le monde est à même de comprendre les deux manières de gagner de l'argent avec l'immobilier :

- soit vous achetez, vous mettez en location et vous récupérez les loyers de vos locataires ;
- soit vous construisez ou vous achetez un bien avec travaux que vous rénovez – et vous le revendez.

Qui ne comprendrait pas ces principes simples ? Dont la mise en pratique nécessitera néanmoins quelques précisions, qui font l'objet de ce livre.

Investir avec l'argent des autres

Il existe une autre différence essentielle entre les placements financiers et l'immobilier : si les premiers nécessitent d'« avoir de l'argent pour faire de l'argent », l'immobilier permet d'investir avec l'argent des autres.

En effet, investir en Bourse ou dans les cryptomonnaies signifie placer ses économies. Un banquier ne vous prêtera pas pour investir en Bourse (sauf pour les spécialistes de la Bourse, mais c'est une autre histoire !). Il vous faudra avoir économisé avant.

Or, avec une part de plus en plus élevée des dépenses contraintes dans le revenu des ménages (41 % des revenus des ménages les plus pauvres[2]), il est difficile d'imaginer faire suffisamment d'économies pour s'enrichir rapidement avec les placements financiers.

Prenons un petit exemple : si vous vouliez gagner 100 euros supplémentaires tous les mois avec vos placements financiers, soit 1 200 euros par an après impôt (1 715 euros avant impôt[3]), il vous faudrait placer – et donc avoir économisé – 17 150 euros à 10 % (Bourse) ou 34 300 euros à 5 % (SCPI*). Je vous laisse calculer le temps qu'il vous faudrait pour cela.

Et si vous vouliez un vrai complément de salaire de 500 euros par mois, on parlerait alors d'économiser puis placer 85 000 euros à 10 % ou 171 500 euros à 5 %.

Or, cet argent que vous n'avez peut-être pas en réserve, vous pouvez l'emprunter à la banque. Pas pour l'investir dans des placements financiers, donc, mais pour l'investir dans l'immobilier.

Le crédit bancaire est LA RAISON D'ÊTRE de l'investissement immobilier. Il constitue **un réel levier d'enrichissement** car il permet d'avoir rapidement de l'argent à investir, sans avoir à économiser d'abord.

---

2. Étude de France Stratégie parue en août 2021.
3. Calcul effectué sur la base d'une *flat tax* à 30 %.

Quand il est couplé à de l'investissement locatif, vous investissez de l'argent qui n'est pas le vôtre (celui que la banque vous a prêté), que vous remboursez avec de l'argent qui n'est pas le vôtre (celui de vos locataires) : je vous explique dans ce livre comment faire pour que cela fonctionne.

C'EST MOI QUI L'AI FAIT !

Le besoin de travailler de ses mains n'a jamais été aussi prononcé qu'aujourd'hui, où les emplois sont plus intellectuels que manuels.

- Après 13 ans d'augmentation sans interruption, le secteur du bricolage pèse aujourd'hui 31 milliards d'euros de chiffre d'affaires, tous circuits confondus.

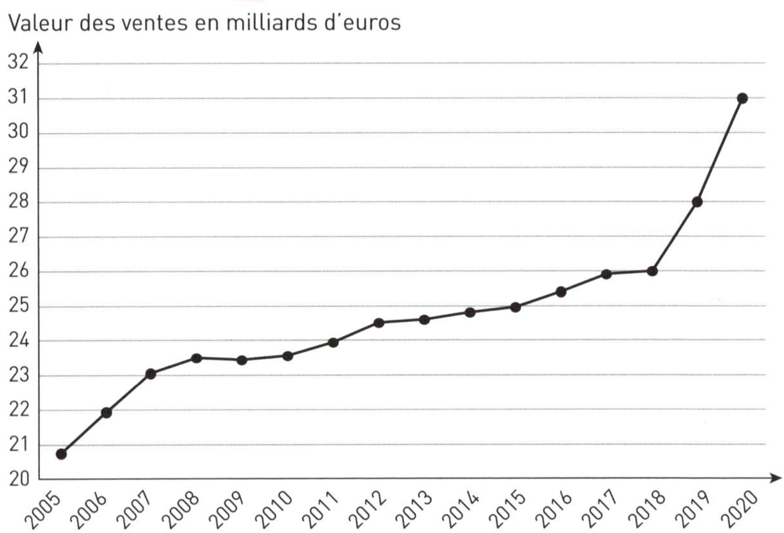

Figure 2 – Chiffre d'affaires du marché du bricolage en France entre 2005 et 2020

Source : Étude annuelle de la Fédération des magasins de bricolage et de l'Inoha.

- 80 % des Français déclarent pratiquer une activité correspondant au « faire soi-même » : bricolage (55 %), jardinage (35 %), productions alimentaires (confitures, jus de fruit, pain) (29 %), couture (14 %), production des produits d'entretien (14 %)[4].
- ManoMano, enseigne largement spécialisée en bricolage, a réalisé une levée de fonds de 125 millions d'euros en 2020, prouvant par là la confiance des financiers quant au développement de ce marché.
- Les écoles de décoration, de *home staging* ou d'architecture d'intérieur sont légion et s'offrent même des publicités télévisées aux heures de grande écoute.
- On évalue à 50 000 le nombre de vide-greniers organisés chaque année en France. Un chiffre en hausse depuis 10 ans.

Les Français ont de plus en plus envie de bricoler, chiner, décorer, assembler pour créer des atmosphères et des lieux uniques. Investir dans l'immobilier est une autre manière d'assouvir sa passion pour le bricolage ou la décoration, d'exploiter des talents manuels ou artistiques qui ont de moins en moins droit de cité dans la vie de tous les jours.

Des locataires et encore des locataires !

La France comptait, en 2020, 57,5 % de propriétaires et 42,5 % de locataires[5]. Sur 28 millions de ménages, qui déménagent en moyenne tous les 4 ans, cela donne un nombre considérable de locataires en recherche de leur résidence principale !

Or le nombre de logements actuellement disponibles en France (36 millions) n'est pas suffisant pour les loger. On estime en effet à 500 000 le

4. L'ObSoCo – Observatoire Société et Consommation, 2018.
5. Étude FNAIM, « Le logement en France et en Europe », 2020.

nombre de logements manquants pour répondre aux besoins de la population française !

Mais le marché immobilier n'est pas fait uniquement de locataires en recherche de leur résidence principale : nous parlerons dans les pages suivantes de la location courte durée. Elle représente plus de 600 000 logements ; le nombre de voyageurs choisissant un hébergement en location courte durée chaque mois se compte en millions… et ces chiffres ne font qu'augmenter.

C'est dire que la demande de locations, traditionnelles – pour une résidence principale – ou de courte durée est très supérieure à l'offre actuelle de logements et ne devrait pas disparaître de sitôt.

Chapitre 2

7 raisons qui vous empêchent de devenir « rentier de l'immobilier »

J'espère vous avoir convaincu que vous avez certainement une ou plusieurs bonnes raisons d'investir dans l'immobilier. Mais il y a aussi votre voisin de palier, votre cousin Gaston, votre entourage… jusqu'à vos propres petites voix intérieures… qui sauront vous avancer des arguments pour **ne jamais investir** dans l'immobilier.

En voici 7 – ceux que j'entends le plus couramment – qui sont autant d'idées reçues, de blocages et de mauvaises raisons ! À moins qu'il ne s'agisse de bonnes raisons pour vous laisser dans l'inaction, sur le quai à regarder passer les trains !

Ceux qui vous découragent le font-ils pour vous protéger, vous… ou pour ne pas rester seuls, eux, dans l'immobilisme et l'inaction ?

Si c'était possible, tout le monde serait rentier de l'immobilier !

Qui n'a jamais entendu cette merveilleuse petite phrase ? « Si c'était possible, tout le monde serait rentier. » Ou riche. Ou millionnaire. Avec une variante : « Si c'était facile, tout le monde le ferait. »

Une mise au point s'impose : accessible, possible, ouvert au plus grand nombre ne signifie pas facile ! Je crois réellement que nombre d'entre vous peuvent se lancer avec succès et bonheur dans l'investissement immobilier. Pour y gagner de l'argent mais aussi de la satisfaction, un sentiment de réalisation, du plaisir, de la sécurité, une meilleure qualité de vie.

Mais ce n'est pas facile pour autant. Compréhensible, accessible, à votre portée, sans risque démesuré, mais pas facile.

Car investir, dans l'immobilier ou ailleurs, c'est faire un pas dans l'inconnu. C'est mettre de l'énergie, du temps et de l'argent sur la table sans avoir la GARANTIE ABSOLUE de gagner à la fin.

« Et si ça ne marchait pas ? » « Si je ne trouvais pas de locataires ? » « S'ils ne payaient pas ? » « Et si et si… »

Au moment d'investir, la peur se réveille – et avec elle un moulin à paroles qui nous fait envisager toutes les hypothèses les plus folles. Ces peurs sont alimentées par notre imagination.

« S'il y avait un tremblement de terre, une météorite qui tombait sur ma maison… » « Si [trouvez d'autres peurs] »…

Mais la partie la plus ancienne de notre cerveau, notre cerveau reptilien, en a vu d'autres : il sait comment combattre la peur et faire taire ce moulin à paroles. Rien de plus simple : il suffit de NE RIEN FAIRE. De rester dans un terrain connu, confortable parce que mille fois parcouru.

Alors l'inconnu s'éloigne et avec lui la peur. Le confort revient. L'inaction s'installe et avec elle le sentiment de sécurité.

Ne reste plus qu'une seule voix. Celle qui chuchote à votre oreille : « Si c'était possible, tout le monde serait rentier. »

Merveilleuse petite voix dont la seule prétention est de nous empêcher de faire quoi que ce soit !

L'ARGENT SE GAGNE À LA SUEUR DE SON FRONT… PAS EN INVESTISSANT, NI DANS LA FACILITÉ

Autre croyance que nous avons tellement bien intégrée : « L'argent se gagne à la sueur de son front… pas en investissant, ni dans la facilité ! » ou « Il faut travailler dur pour gagner de l'argent. »

Depuis l'enfance, on nous apprend qu'il faut bien travailler à l'école. Que c'est important de faire ses devoirs, de fournir des efforts… qu'un élève méritant est un élève qui travaille avec assiduité.

Comme il est compliqué, pour nous, parents, enseignants, êtres humains, d'admettre que certains élèves réussissent sans travailler, qu'ils ont des bonnes notes sans faire d'efforts… en un mot, que nous ne sommes pas tous égaux quant à nos aptitudes physiques et intellectuelles. C'est injuste et injustifié. Ah, si nous pouvions tous prétendre à la même réussite scolaire !

Plus tard, en tant qu'adultes, notre soif de justice n'a pas disparu. L'argent a remplacé les notes et nous aimerions qu'il y ait une justice dans la répartition des richesses. Il ne faudrait quand même pas que l'on puisse gagner de l'argent sans rien faire ! Nous aimerions que les plus méritants, les plus travailleurs, les plus durs à la tâche soient récompensés de leurs efforts en gagnant plus que les paresseux, les oisifs, les moins persévérants.

Le monde serait ainsi plus juste si un effort plus grand impliquait une richesse plus grande et il tournerait plus rond.

S'il n'est pas possible de rendre l'argent plus juste qu'il ne l'est, l'injonction de « gagner l'argent à la sueur de son front » devrait néanmoins suffire à dissuader la majorité de réfléchir à d'autres manières de gagner de l'argent et l'encourager à travailler – dur ! – pour « gagner sa vie ».

Jusqu'à ce que le progrès technique nous permette de travailler moins dur, que les machines remplacent les humains, que l'idée d'une redistribution de la richesse créée par les machines au travers d'un revenu universel fasse son chemin.

Le candidat rentier sera ainsi confronté au regard des autres : plus de travail régulier ; finies les 35 ou 40 heures par semaine ; plus d'horaires de bureau ; plus de week-ends attendus comme la délivrance après une semaine de dur labeur ; finies les 5 semaines de congés payés échangées contre 47 semaines de travail annuel ; sans parler d'une retraite bien méritée à l'issue de 40 ans de bons et loyaux services.

Car c'est bien d'une retraite à 20, 30 ou 40 ans qu'il s'agit… à condition que la retraite soit un « état » non pas où on ne fait rien, mais où on n'a plus de comptes à rendre. L'image d'un rentier oisif n'est pas non plus la réalité du rentier de l'immobilier ! Certes, les horaires sont décalés, le réveil ne sonne plus automatiquement tous les matins à 6 h 30, la routine du « métro-boulot-dodo » n'existe plus… Pour autant, le rentier de l'immobilier est parfois très affairé : gestion, recherche de nouveaux investissements, rendez-vous avec les banques, travaux… une vie active en semaine ou en week-end. Mais une vie stimulante et choisie.

Je ne veux pas gagner d'argent sur le dos de mes locataires ; je ne suis pas un exploiteur

Je ne saurais dire d'où vient cette idée que si les uns gagnent, les autres perdent. Un relent de lutte des classes, peut-être. Quoi qu'il en soit, je rencontre fréquemment des personnes qui s'abstiennent d'investir pour ne pas revêtir ce qu'elles croient être l'habit du propriétaire exploiteur. Qui gagne de l'argent sans rien faire alors que les locataires s'échinent à travailler 40 heures par semaine pour payer leur loyer tous les mois.

Voyons ce qu'un propriétaire aura fait avant d'offrir un logement à d'éventuels locataires :

- accepter de s'endetter auprès d'une banque et d'être solidaire d'un crédit de plusieurs milliers d'euros – qu'il devra rembourser quoi qu'il arrive ;
- avoir mené à bien des travaux si le logement avait besoin d'être rénové avant sa mise en location ;
- peut-être l'avoir meublé et décoré avec goût (du moins on l'espère !) ;
- assumer financièrement les travaux inévitables d'entretien du bien (ravalement, toiture, chaudière…) ;
- prendre le risque de ne pas arriver à louer, donc de payer le crédit de sa poche, sur son salaire… en plus de son loyer personnel ou du crédit de sa résidence principale ;
- prendre le risque d'un locataire qui ne payera pas son loyer pendant les 2 ou 3 ans nécessaires à son éviction.

Le loyer rémunère la prise de risque, plus que les heures de travail. Il rémunère aussi le service rendu, à savoir la mise à disposition de logements que l'État ne peut pas fournir à tous.

C'est tellement vrai que de nombreuses municipalités ont mis en place une taxe sur les logements vacants pour inciter les propriétaires à mettre leurs biens en location. Pas pour qu'ils gagnent de l'argent « sur le dos des locataires » mais pour qu'ils offrent une solution de logement à des personnes qui, sans cela, auraient du mal à trouver un toit.

Nous verrons, de plus, dans notre prochain chapitre qu'il existe d'autres formes de location que la location individuelle de longue durée. J'ai choisi d'investir dans des solutions qui permettent le rassemblement : rassemblement d'entreprises avec des centres de bureaux partagés ; rassemblement de familles avec des gîtes de groupe en location courte durée. Je rends à mes locataires un service ; je leur offre une opportunité à laquelle ils n'auraient pas accès sans le type de bien que je mets à leur disposition.

Pour les professionnels : grâce aux bureaux partagés, ils peuvent s'installer sans engagement de durée, en plein cœur de Paris, dans des bureaux meublés et plutôt luxueux, à raison d'une seule journée par semaine par exemple, s'ils sont en démarrage d'activité – et sans payer pour le reste de la semaine !

Pour les particuliers : ils ont accès le temps d'un week-end à une grande maison pour se retrouver en famille ou entre amis autour du barbecue ou de la piscine. Non seulement ils n'ont pas à investir dans une maison de cette taille qui ne leur servirait qu'une ou deux fois dans l'année, mais ils profitent de ses équipements, intérieurs et extérieurs.

Je n'ai, ni dans un cas ni dans l'autre, l'impression d'exploiter qui que ce soit – au contraire !

L'IMMOBILIER, ÇA NE RAPPORTE RIEN

Parlez d'immobilier autour de vous, et vous tomberez rapidement sur un ou deux investisseurs malheureux qui vous expliqueront que l'immobilier, ça ne rapporte rien. Ils ont d'ailleurs revendu depuis, abandonné, et chercheront à vous décourager de vous lancer à votre tour dans l'aventure.

Est-ce que l'immobilier ne rapporte rien ? Ou est-ce eux qui n'ont pas su faire ? Qui ont investi sans se former préalablement sur les bonnes manières d'investir dans l'immobilier ?

Si ce livre avait une seule raison d'être, ça pourrait être celle-ci : vous donner les clefs pour que votre aventure immobilière soit gagnante – et que vous ne fassiez jamais partie des investisseurs pour qui « l'immobilier ne rapporte rien ».

Il va de soi que si vous achetez trop cher (voir le chapitre 7 qui aborde la négociation du bien), dans une zone où le prix au mètre carré ne permet pas d'atteindre une rentabilité acceptable, en choisissant un mode d'exploitation* sans effet de levier* (l'inverse d'un immobilier à haut rendement), sans optimisation fiscale… vous pourriez ne rien gagner, ou presque, en investissant dans l'immobilier.

Cela ne me semblerait d'ailleurs pas anormal : contrairement à l'immobilier à haut rendement, acheter un appartement, le peindre en blanc et le mettre en location pour les 20 prochaines années ne demande pas un grand savoir-faire. Il est normal que cela rapporte peu… à peine plus que l'inflation.

L'IMMOBILIER, CE SONT DES IMPAYÉS ET DES LOCATAIRES INDÉLOGEABLES !

Les histoires de locataires insolvables et indélogeables pourraient vous dissuader d'investir dans l'immobilier.

Bien sûr, certains locataires « oublient » de payer leur loyer – et la France est un pays où les locataires sont protégés bien plus que les propriétaires : les procédures d'expulsion peuvent être longues (1 à 2 ans) et les locataires peu scrupuleux joueront sur la trêve hivernale.

Mais combien y a-t-il de locataires en défaut de paiement par rapport à l'ensemble des logements en location ? Selon les chiffres du ministère de la Justice, **moins de 2 % des locations**.

Le risque zéro n'existe pas, dans l'immobilier comme ailleurs. Choisir ses locataires avec soin et prendre une ou deux garanties sont de bons points de départ. Mais proposer d'autres types de location qui s'adresseront à d'autres types de locataire reste pour moi la méthode la plus efficace de s'assurer non seulement contre les impayés mais également contre la détérioration du bien. C'est aussi l'un des avantages des stratégies immobilières à haut rendement dont nous parlons plus loin dans ce livre !

C'EST TROP DE BOULOT, TROP DE TEMPS, TROP D'ENNUIS !

Je m'étonne toujours de ce type de remarques venant de personnes qui passent 35 à 40 heures au bureau chaque semaine. Et qui tout d'un coup trouvent que c'est « trop de travail » d'avoir à chercher un bien, à le négocier, à trouver un financement, puis un ou plusieurs locataires (colocation, immeuble de rapport). Des choses à mettre en place une fois pour toutes (pour l'achat du bien, par exemple) ou une fois par an (pour les locataires).

La somme de travail autour d'un achat immobilier vaut largement ce qu'elle vous rapportera ensuite. Car on investit du temps une fois… et on est payé à vie !

Ce que j'entends surtout derrière ces résistances, c'est un fonctionnement dont on n'a pas l'habitude : alors qu'un salarié est assuré de toucher sa rémunération chaque mois en échange de son temps de travail, qu'un entrepreneur sera payé à partir du moment où son devis aura été accepté et le travail réalisé, dans l'immobilier, vous pouvez investir du temps à perte.

Vous consultez des annonces, visitez des biens en vue d'acheter mais rien ne vous garantit que vous allez trouver chaussure à votre pied. Vous poussez la porte des banques pour financer votre projet mais vous pourriez ne pas obtenir votre crédit.

Si votre offre d'achat ne passe pas auprès du vendeur, si la banque ne vous accorde pas votre crédit, vous aurez « travaillé » pour rien. Vous aurez « perdu du temps » sans faire aboutir votre projet.

C'est le risque de l'immobilier. Le résultat n'est pas garanti. Pour autant, vous aurez acquis de l'expérience, rassemblé des informations qui vous seront utiles lorsqu'un autre projet se concrétisera. Ce n'est que si vous renoncez et abandonnez que votre temps sera perdu !

Voici un exemple personnel : j'envisage actuellement l'achat d'une grande bâtisse pour en faire un gîte de groupe. J'ai visité une première fois le bien. Intéressant, séduisant même, mais bien trop cher par rapport au prix du marché et compte tenu des travaux de remise en état incontournables à effectuer avant de pouvoir l'exploiter.

J'ai estimé ces travaux mais le risque de me tromper est bien trop important (la maison est vraiment grande) et je dois donc inviter des artisans à venir voir sur place pour me donner une fourchette des travaux à effectuer. Au moins sur les postes les plus importants.

Je dois également vérifier si je peux installer une salle de danse en sous-sol de la maison sans que l'ensemble du village en profite. Donc faire des tests « son ».

En tout, cela signifie trois visites supplémentaires, à l'issue desquelles je serai à même de faire une offre d'achat.

Est-ce que le test de bruit sera concluant ? (S'il ne l'est pas, ce sera rédhibitoire et le projet tombera à l'eau.) Est-ce que le vendeur acceptera mon offre très en dessous du prix affiché ? Est-ce qu'une banque m'accordera le financement dont j'ai besoin pour acheter ?

J'ai déjà investi plusieurs heures de mon temps en visites et en calcul de rentabilité, et je ne suis qu'au début d'un long parcours. Qui peut s'arrêter à tout moment.

Entre ma première visite et la date de l'achat définitif, matérialisé par la signature de l'acte authentique*, il se sera probablement écoulé 7 mois, pendant lesquels j'aurai investi du temps et de l'énergie, et pendant lesquels je me serai forcément enthousiasmée et projetée – au risque que le rêve parte en fumée.

Vous me rétorquerez peut-être qu'en plus du temps investi au démarrage, il faut également tenir compte du temps à investir pour trouver les locataires et gérer le bien – de quelques heures par mois pour des modes d'exploitation « traditionnels » à plusieurs heures par semaine si vous vous lancez dans la location courte durée (Airbnb pour les intimes).

Il est relativement simple aujourd'hui de trouver des personnes pour déléguer la gestion immobilière : les agences, bien entendu, mais également les nouveaux métiers de l'immobilier – conciergerie ou gestionnaire de biens… –, des intermédiaires de l'immobilier que nous évoquons dans ce livre, car ils constituent également une manière d'investir dans l'immobilier pour qui serait dans une situation financière particulièrement délicate (voir notre partie 4).

L'IMMOBILIER AUJOURD'HUI, C'EST TROP CHER : IL FALLAIT ACHETER IL Y A 20 ANS !

À quelque époque que ce soit, l'immobilier a toujours été perçu comme « beaucoup plus cher qu'il y a 20 ans ».

Faut-il pour autant attendre que l'immobilier baisse pour investir ? Comme nous l'avons déjà dit, les cycles immobiliers sont longs… Vous pourriez donc attendre longtemps. Or, même dans un marché où les prix sont élevés, il y a matière à trouver des affaires intéressantes : vendeurs pressés ; biens à rénover ; immeubles achetés au prix de gros ; biens situés dans la commune adjacente, moins bien cotée donc moins chère.

À quelque période que ce soit, il y a des investisseurs qui achètent, dont vous pourriez faire partie après avoir lu ce livre. Certains se réjouiront d'avoir acheté en dessous du prix du marché (pas parce qu'ils sont plus chanceux que la moyenne, mais parce qu'ils cherchent, qu'ils se renseignent et surtout, qu'ils ne remettent pas leur achat à plus tard !).

D'autres auront l'air de ne pas se préoccuper du prix du marché : tout simplement parce qu'ils maîtrisent la rentabilité du bien qu'ils convoitent, et savent que, **quel que soit le prix auquel ils l'ont acheté**, celui-ci leur rapportera 8, 10 ou 15 % de rentabilité annuelle*.

Il est temps que vous appreniez à faire la même chose. Mais nous ne finirons pas une seule partie de ce livre sans relever les erreurs à ne pas commettre qui y ont été évoquées.

Les erreurs à ne pas commettre

- Attendre pour investir au lieu d'investir et attendre.
- Écouter les conseils de qui n'a jamais investi.
- Confondre difficulté et complexité : les principes de l'immobilier ne sont pas complexes ; ils sont compréhensibles par tous. Pour autant, investir est toujours difficile.
- Oublier de se former au risque de passer à côté de stratégies immobilières à haut rendement.
- N'accepter d'investir du temps dans votre projet qu'avec la garantie que celui-ci soit couronné de succès.

Partie 2

4 STRATÉGIES GAGNANTES POUR INVESTIR DANS L'IMMOBILIER

Investir dans l'immobilier sera plus ou moins rentable en fonction des stratégies que vous allez adopter. De l'immobilier « de bon père de famille », dont la rentabilité plafonne à 2 ou 3 %, aux stratégies au rendement de 10 ou 15 %, ce sont vos connaissances en la matière qui feront la différence.

Nous allons explorer ensemble dans les pages suivantes 4 stratégies gagnantes de l'immobilier :

- comment on peut gagner de l'argent avec l'immobilier en visant la plus-value ;
- l'intérêt numéro 1 de l'immobilier : disposer d'une rente à vie ;
- 4 modes d'exploitation à haut rendement ;
- comment jouer la fiscalité pour payer moins – ou pas du tout – d'impôts.

Chapitre 3

Cherchez la plus-value

À LONG TERME, EN INVESTISSANT DANS VOTRE RÉSIDENCE PRINCIPALE

Comme nous l'avons vu dans la première partie de ce livre, le marché immobilier monte plus souvent qu'il ne baisse. À première vue (voir figure 1, p. 10), la hausse a même l'air vertigineuse.

Néanmoins, un petit calcul s'impose : imaginons que vous ayez acheté un appartement en 2000 pour un prix de 225 000 euros. Vous le revendez en 2022, soit 22 ans plus tard, pour un prix de 375 000 euros (prix d'un appartement de 100 m^2 à Toulouse, par exemple). Combien aurez-vous vraiment gagné ?

- Prix d'achat : 225 000 euros.
- Frais de notaire : 15 800 euros.
- **Coût d'acquisition : 240 800 euros.**
- **Prix de vente : 375 000 euros.**

Soit une plus-value de 134 200 euros.

À laquelle il faut néanmoins soustraire le coût de l'emprunt que vous avez probablement souscrit à la banque (intérêts d'emprunt* de 58 000 euros[6]).

Sur 20 ans, vous aurez donc réellement gagné 76 200 euros.

Une opération immobilière à long terme sur un bien qui ne génère pas de revenus (résidence principale ou secondaire) n'est pas toujours aussi rentable qu'on le pense. On pense rarement en effet à déduire du montant de la plus-value effectuée à la revente le coût du crédit (directement sorti de votre poche dans la mesure où le bien ne vous rapporte rien). Et l'on oublie de mesurer l'impact de l'inflation*[7] sur la plus-value.

La grande illusion de l'inflation

Si l'on tient compte de l'inflation, 225 000 euros en 2000 correspondent à 303 000 euros en 2022. On peut lire cette information de deux manières :

1. L'appartement de 100 m² que vous auriez acheté 225 000 euros en 2000 vous coûtera 303 000 euros en 2022. Pour la même surface. La plus-value réalisée est donc partiellement illusoire puisqu'il vous faudra payer plus cher tout nouvel achat.

2. Vous auriez pu obtenir la même somme en plaçant 225 000 euros sur un compte sans risque, aligné sur l'inflation. Autant cela n'a pas d'importance s'agissant de votre résidence principale (pour laquelle vous n'avez pas payé de loyer pendant 20 ans... ce qui est un placement en soi !), autant cela impacte la plus-value réalisée sur un immobilier locatif.

Dans notre exemple, en tenant compte de la dégradation monétaire liée à l'inflation, la plus-value réalisée a totalement disparu !

6. Coût d'un emprunt de 200 000 euros souscrit en 2000 sur 20 ans.
7. Voir le calculateur d'inflation – https://france-inflation.com/calculateur_inflation.php

Un achat immobilier de long terme peut être rentable à condition :

1. d'être patient ;
2. d'accepter que la revente du bien puisse être différée – si vous êtes dans un moment où le marché est à la baisse ;
3. de prendre en compte le coût du crédit ;
4. d'être conscient que le montant de la plus-value est en partie illusoire compte tenu de l'inflation ;
5. d'optimiser la fiscalité sur la plus-value.

Car qui dit plus-value, dit génération de valeur, sur laquelle l'État aimerait assez récupérer sa part. Les plus-values immobilières sont soumises à impôt et à prélèvements sociaux, à un **taux de 19 % pour la partie impôt** et de **17,2 % pour la partie prélèvements sociaux**.

Cette plus-value fera l'objet d'un abattement par année de détention qui diminuera d'autant l'impôt et les prélèvements sociaux à payer – jusqu'à ne plus être imposée du tout au bout de 30 ans (voir tableau ci-après).

Plus-value imposable en fonction du nombre d'années de détention

Durée de détention	Impôt sur le revenu		Prélèvements sociaux	
Années	Abattement IR	Base plus-value	Abattement PS	Base plus-value
		Taux d'imposition : 19 %		**Taux d'imposition : 17,20 %**
1	0	100	0	100
2	0	100	0	100
3	0	100	0	100
4	0	100	0	100

Durée de détention	Impôt sur le revenu		Prélèvements sociaux	
Années	Abattement IR	Base plus-value	Abattement PS	Base plus-value
		Taux d'imposition : 19 %		**Taux d'imposition : 17,20 %**
5	0	100	0	100
6	6	94	1,65	98,35
7	6	88	1,65	96,7
8	6	82	1,65	95,05
9	6	76	1,65	93,4
10	6	70	1,65	91,75
11	6	64	1,65	90,1
12	6	58	1,65	88,45
13	6	52	1,65	86,8
14	6	46	1,65	85,15
15	6	40	1,65	83,5
16	6	34	1,65	81,85
17	6	28	1,65	80,2
18	6	22	1,65	78,55
19	6	16	1,65	76,9
20	6	10	1,65	75,25
21	6	4	1,65	73,6
22	4	0	1,6	72
23		0	9	63
24		0	9	54

Durée de détention	Impôt sur le revenu		Prélèvements sociaux	
Années	Abattement IR	Base plus-value	Abattement PS	Base plus-value
		Taux d'imposition : 19 %		**Taux d'imposition : 17,20 %**
25		0	9	45
26		0	9	36
27		0	9	27
28		0	9	18
29		0	9	9
30		0	9	0
31	Exonération à 100 %			

Mais s'il s'agit de votre résidence principale, vous serez **exonéré à 100 % de fiscalité sur la plus-value quelle que soit l'année de revente**. Côté plus-value, l'achat d'une résidence principale est une stratégie gagnante.

Cependant, la résidence principale peut-elle avancer d'autres arguments en faveur de son acquisition ?

- Acheter sa résidence principale, c'est économiser sur un loyer. C'est vrai… même si, à surface identique, les mensualités du crédit sont la plupart du temps plus élevées qu'un loyer. Mais après 20 ans, la maison est à vous et vous ne payez plus rien. C'est donc une **économie différée dans le temps**.
- C'est avoir la sensation d'« être chez soi », de pouvoir faire les travaux et les aménagements que l'on souhaite. Un confort et une sécurité (avoir un toit sur la tête) précieux.

- Nous pourrions avancer qu'un banquier ne prête que pour de l'achat, pas pour de la location. Vous n'aviez pas nécessairement le montant du crédit qui vous a été octroyé en réserve sur un compte d'épargne… La banque vous a donné **du pouvoir d'achat** en même temps qu'elle vous accordait un crédit. Mais elle n'accorde ledit crédit que si vous avez les moyens de le rembourser. Un remboursement qui ne pourra pas dépasser 35 % de vos revenus mensuels… ce qu'une agence auprès de qui vous loueriez un appartement considérera également.
- Dernier argument, être propriétaire de sa résidence principale avant d'acheter de l'immobilier locatif est conforme à la logique des banques. D'un certain côté, cela facilitera l'obtention d'un prêt pour acheter de l'immobilier locatif (qui vous rapportera de l'argent). Même si, paradoxalement, le crédit que vous avez en cours sur votre résidence principale impactera votre capacité d'emprunt… Un paradoxe dont il n'est pas simple de s'extraire.

Au chapitre des inconvénients, acheter sa résidence principale c'est :

- Comme indiqué précédemment, diminuer sa capacité d'emprunt future.
- Perdre en flexibilité : bien qu'une maison ou un appartement soit toujours revendable, la nature même du bien – immobilier ! – entraîne à l'immobilisme. Les maisons et appartements sont revendus en moyenne tous les 10 ans, quand les locataires déménagent tous les 4 ans. Louer pourrait donc apporter de la flexibilité et une meilleure adaptation aux changements de configuration de votre foyer (un enfant en plus ; un enfant en moins…).
- Augmenter ses charges : outre la taxe foncière, vous devrez prendre en compte l'entretien et les travaux de rafraîchissement périodiques de votre bien.

Débat : acheter ou louer sa résidence principale ?

Au vu de ces éléments, faut-il acheter ou louer sa résidence principale ?

Financièrement, l'achat d'une résidence principale n'est rentable qu'une fois le crédit payé, si vous continuez d'y habiter. C'est donc prévoir à très long terme !

Tant que le crédit courra, il entamera votre capacité d'investissement et constituera rarement une économie par rapport à ce que serait un loyer.

C'est pourquoi il est recommandé, en cas d'achat de votre résidence principale, **d'opter pour le crédit le moins important et le plus court possible**. En augmentant votre apport en conséquence.

Psychologiquement par contre, l'achat d'une résidence principale offre à beaucoup un sentiment de sécurité et de confort que n'offre pas la location. C'est la « grotte » des grands mammifères que nous sommes !

Une sécurité et un confort qui ont une contrepartie : moins de mobilité, moins de flexibilité, plus de charges et de contraintes, peut-être aussi moins de plaisir dans la découverte de nouveaux lieux.

De manière tout à fait contre-intuitive, la coach en intelligence financière que je suis vous conseillera donc de commencer par **des investissements locatifs** avant d'acheter votre résidence principale. N'en déplaise à Messieurs et Mesdames les banquiers, qui vous inciteront toujours à acheter votre résidence principale avant d'investir.

À COURT TERME, AVEC L'ACHAT-REVENTE

En considérant que l'exonération d'imposition sur la plus-value après 30 ans compense (mal) les effets de l'inflation, il peut être tentant de réfléchir à une opération d'achat-revente à plus court terme.

L'idéal sera d'acheter un bien à rénover, d'effectuer le rafraîchissement ou les rénovations qui s'imposent, d'y habiter un ou deux ans au titre de résidence principale et de le revendre.

→ Une idée qui m'intéresse

Les bénéfices de cette opération sont multiples :

- un crédit plus simple à obtenir au titre de la résidence principale ;
- une plus-value rapide et sans imposition.

Pourquoi une plus-value ?

Parce que les biens à rénover ne demandent pas tous une réfection de fond en comble pour prendre de la valeur !

Il n'est pas rare de trouver, sur le marché, des biens « dans leur jus » comme on dit, qui ne demandent qu'à être rafraîchis pour être revendus plus cher.

Changer la baignoire rose datée des années 1970 pour une baignoire plus moderne, enlever le papier peint à fleurs et le remplacer par une peinture plus neutre, équiper la cuisine, rajouter un parquet flottant sur un carrelage beige des années 1980 peut changer du tout au tout la perception qu'un acheteur aura du bien.

Les travaux vous coûteront, certes, mais d'expérience, le prix de vente d'un appartement rafraîchi dépasse souvent le prix d'achat additionné du prix des travaux !

De belles plus-values se feront d'ailleurs en ajoutant ou en abattant une simple cloison. Ou en ajoutant une ouverture dans le toit. Un studio trop grand deviendra, avec une cloison ajoutée, un adorable T2. Un T5 aux pièces mal équilibrées deviendra, après avoir déplacé une cloison, un T5 optimisé pour la vie de famille. Une maison sombre gagnera en luminosité – et en valeur – avec un Velux ou une fenêtre supplémentaire.

Pour certains, ces transformations sembleront insurmontables. Mais si vous êtes bricoleur, cette manière d'investir dans l'immobilier pourrait être votre bonne fortune.

Il n'est pas rare de voir sur le marché des plus-values de 20 000 ou 50 000 euros réalisées, après réfection, sur des appartements de 50 à 100 m².

Magique mais pas reproductible

Les travaux ne vous font pas peur ; vous vous sentez apte à les faire ou à les gérer – et ce que je viens de vous expliquer vous a ouvert les yeux sur l'une des possibilités offertes par l'immobilier pour y gagner de l'argent.

C'est une stratégie économique en temps et peut-être en ennuis ! Pas de locataires à gérer, pas de travaux d'entretien dans le temps… Magique !

Mais vous ne pourrez pas enchaîner les opérations de ce genre si vous êtes un particulier ! En tant que particulier, l'administration fiscale tolérera une opération d'achat-revente tous les 3 ou 4 ans… un délai normal pour un salarié fréquemment muté d'une ville à l'autre, qui investirait dans sa résidence principale, y effectuerait des travaux, s'y installerait… avant de devoir déménager pour les besoins de son travail.

Le faire plus souvent, ce sera prendre le risque d'une requalification en marchand de biens et un redressement fiscal d'autant plus douloureux à la clef qu'il n'aura fait l'objet d'aucune anticipation.

Si vous décidez que l'achat-revente est votre solution d'investissement, vous vous installerez donc dès la deuxième opération comme marchand de biens. Vous ne serez plus alors un particulier mais un professionnel de l'immobilier. Qui achète, rénove, divise et revend.

Un métier à part entière, dont les tenants et aboutissants sortent de l'objet de ce livre.

(!) si je fais de l'achat revente dès la 2 fois je ne serait + un particulier mais un professionnel de l'immobilier achate et vente

Chapitre 4

Offrez-vous une rente à vie

Compter sur la plus-value est une stratégie de long terme, pas toujours gagnante lorsqu'on tient compte de tous les coûts (inflation et crédit en tête), et soumise aux aléas du marché – qui descend parfois, peut-être au moment où vous souhaiteriez vendre. On est loin du « rentier de l'immobilier » puisque vous ne percevez aucune rente. Cependant, beaucoup d'entre vous se trouveront déjà heureux d'être à la tête d'un beau patrimoine qu'ils pourront transmettre à leur descendance !

Pourtant l'immobilier, ce n'est pas que de la résidence – principale ou secondaire. L'immobilier peut aussi être locatif et vous garantir **une rente à vie**, sans rien faire ou presque.

Qu'est-ce que l'immobilier locatif ?

C'est un bien (quel qu'il soit) que l'on va mettre en location (quel que soit son mode d'exploitation).

Cela peut être un studio, un appartement, une maison mais aussi un immeuble, un bureau, une boutique, un parking, une cave, un hangar, un terrain agricole, un mobile-home (qui n'est pas de l'immobilier mais presque)...

Que l'on louera nu* ou meublé*, en longue ou en courte durée (LCD*), pour une famille ou pour plusieurs (colocation), à des particuliers, à des entreprises ou à des commerces.

Nous verrons par la suite que certains modes d'exploitation vous feront gagner plus que d'autres, et qu'avec un peu de savoir-faire et de temps investi, vous pourriez gagner beaucoup plus qu'avec un livret A ou une assurance vie.

Mais imaginons que vous soyez déjà très occupé par ailleurs, que vous ayez très peu de temps à consacrer à vos investissements, que vous n'ayez pas envie de gérer des locataires mais que vous ne vouliez pas renoncer pour autant à gagner de l'argent avec l'immobilier.

Vous vous tournerez alors vers ce que j'appelle **l'immobilier locatif traditionnel**, c'est-à-dire louer un bien vide ou meublé pour une durée de 3 ans (ou de 1 an dans le cas d'un meublé) renouvelable.

Une location sans limite de temps à un locataire unique : une personne célibataire, un couple, une famille.

Il est tout à fait possible de devenir rentier avec de l'immobilier locatif traditionnel en respectant cette simple règle d'or :

Dans tous les cas, pendant toute la durée de mise en location du bien, la somme de vos entrées doit être égale ou supérieure à la somme de vos sorties financières. Avant impôt.

Vos entrées correspondent à ce que vos locataires vous versent : les loyers et les charges (calculées forfaitairement ou au réel).

Pour vos sorties, nous prendrons en considération :

- les charges liées au bien (en particulier les charges de copropriété) ;
- les frais de gestion si vous confiez la gestion du bien à une agence ;
- les assurances ;
- l'eau, le gaz, l'électricité et Internet si vous les incluez dans le forfait de charges que vous facturez à votre locataire ;
- la taxe foncière et autres impôts directs ;
- les petits travaux d'entretien éventuels ;
- le remboursement de l'emprunt bancaire.

Votre impôt sur le revenu, cependant, ne rentre pas en compte.

Vous trouverez en suivant le lien https://nathaliecariou.com/calculs, ainsi qu'en annexe 3, un tableau qui vous permettra de vérifier facilement si le bien immobilier que vous possédez déjà ou que vous comptez acheter répond à cette règle d'or.

Je parle ici **d'entrées et de sorties financières** liées à l'exploitation du bien, pas de charges. Si les intérêts d'emprunt représentent bien une charge, le remboursement du capital n'en est pas une. Vous ne faites que rendre à la banque ce qu'elle vous a prêté.

De même, si vous louez en meublé, les meubles et l'équipement du bien ne seront pas pris en compte : les frais d'ameublement font partie des frais d'installation et non d'exploitation.

Pourquoi cette règle d'or

L'ensemble de ce livre vise à vous proposer des stratégies pour GAGNER de l'argent avec l'immobilier. Or, si vous ne respectez pas la règle énoncée plus haut, si vos sorties par rapport à un bien donné sont supérieures à l'argent qui rentre dans vos poches, votre bien ne vous fait pas gagner d'argent : il vous en fait perdre.

L'investissement sera peut-être rentable à terme compte tenu de la plus-value récupérée à la revente (voir notre première stratégie), mais l'objectif de cette deuxième stratégie, qui consiste à se créer une rente, est manqué.

Vous ne vous serez pas créé un revenu supplémentaire mais une charge supplémentaire. Pas de rente et plus grave peut-être, un investissement qui ne survit que sous perfusion parce que vous réinjectez de l'argent tous les mois en le prenant sur les revenus de votre travail.

Une pression supplémentaire et un risque : que se passera-t-il si les revenus de votre travail diminuent ?

Comment faire pour respecter cette règle d'or

Si les acheteurs d'immobilier sont aussi nombreux à ne pas respecter cette règle d'or, c'est, d'une part, parce qu'ils n'ont pas toujours conscience de son importance ; d'autre part, c'est une règle qui n'est pas toujours évidente à respecter.

Achetez trop cher, dans un secteur géographique où le prix au mètre carré est trop élevé – et la règle ne sera pas respectée. Empruntez trop ou sur un temps trop court – et la règle ne sera pas respectée.

Pour respecter la règle d'or d'un investissement locatif rentable, vous devrez donc être prêt à :

- **emprunter sur le temps maximum** : le coût total du crédit sera plus élevé mais sans importance du moment que les loyers encaissés couvrent vos échéances de prêt et les autres charges liées au bien ;
- augmenter votre apport ou acheter comptant : vous aurez certes moins de réserves, mais moins d'emprunt signifie également moins de sorties mensuelles ;
- négocier, le cas échéant, au moment de l'achat pour que l'équation soit respectée ;
- investir ailleurs si le prix au mètre carré est rédhibitoire ;
- choisir un autre mode d'exploitation à haut rendement, pour gagner de l'argent dans une région où l'investissement locatif traditionnel ne peut pas vous offrir de rente. C'est le cas à Paris et dans les principales villes françaises. Avec un prix au mètre carré à plus de 5 000 euros – et un emprunt à hauteur de 75 % d'achat… – l'équilibre sera difficile.

Voici 4 exemples[8] chiffrés qui devraient définitivement éclairer votre lanterne.

Exemple 1 : Appartement de 98 m² à Toulouse (3 chambres – 4 pièces)

Prix d'achat : 595 000 euros + 42 800 euros de frais de notaire.

Charges annuelles : 4 040 euros (incluant les charges de copropriété : 2 100 euros – l'assurance : 70 euros – la taxe foncière : 1 850 euros).

Remboursement de l'emprunt : 29 496 euros annuels (2 458 euros par mois) (emprunt de 500 000 euros sur 20 ans).

Soit des sorties égales à 33 516 euros par an.

---

8. Exemples construits à partir d'annonces immobilières existantes. Prix de l'immobilier réalistes par rapport aux villes citées. Conditions d'emprunt accessibles en 2021-2022.

Loué 1 500 euros charges comprises (CC) par mois, **soit 18 000 euros pour l'année**.

Vous sortez chaque année 15 516 euros de votre poche : c'est un investissement très dépendant de vos revenus personnels.

Exemple 2 : Appartement de 98 m² à Dijon (3 chambres – 5 pièces)

Prix d'achat : 202 000 euros + 16 000 euros de frais de notaire.

Charges annuelles : 4 720 euros (incluant les charges de copropriété : 2 900 euros, eau et chauffage inclus – l'assurance : 70 euros – la taxe foncière : 1 750 euros).

Remboursement d'emprunt : 9 444 euros annuels (787 euros par mois) (emprunt de 160 000 euros sur 20 ans).

Soit des sorties égales à 14 164 euros par an.

Loué 1 100 euros CC par mois, **soit 13 200 euros pour l'année**.

Vous serez quasiment à l'équilibre, à 80 euros près qu'il vous faudra mettre de votre poche chaque mois. En effet, si le loyer de ces deux premiers exemples d'appartements équivalents en taille est relativement similaire, il n'en est pas de même du prix au mètre carré, trois fois plus élevé à Toulouse qu'à Dijon.

En termes d'investissement, Dijon sera une meilleure ville dans laquelle investir si vous souhaitez exploiter vos biens en location traditionnelle.

Exemple 3 : Appartement de 83 m² à Limoges (3 chambres – 4 pièces)

Prix d'achat : 76 000 euros + 7 135 euros de frais de notaire.

Charges annuelles de 4 215 euros (incluant les charges de copropriété : 2 855 euros par an, eau et chauffage inclus – l'assurance : 70 euros – la taxe foncière : 1 290 euros).

Remboursement d'emprunt : 3 540 euros annuels (295 euros par mois) (emprunt de 60 000 euros sur 20 ans).

Soit des sorties annuelles égales à 7 755 euros.

Loué 765 euros par mois CC, **soit 9 180 euros pour l'année pleine**.

En investissant à Limoges dans cet appartement, vous pouvez espérer gagner 1 425 euros par an (une centaine d'euros par mois).

Exemple 4 : Même appartement que précédemment

Prix d'achat : négocié à 69 000 euros + 5 520 euros de frais de notaire.

Charges annuelles : 4 215 euros.

Remboursement d'emprunt : 2 556 euros (213 euros par mois).

Si votre apport est resté le même que dans l'exemple 3, le montant total de votre achat après négociation est moins élevé : vous n'empruntez donc que 51 000 euros au lieu de 60 000, et vous empruntez sur un temps plus long (25 ans au lieu de 20).

Soit des sorties annuelles ramenées à 6 770 euros.

Vos rentrées annuelles n'ayant pas changé, soit 9 180 euros pour l'année, vous gagnerez ainsi 2 410 euros par an avec votre investissement (soit 200 euros par mois), sans avoir rien d'autre à faire que d'investir et trouver un nouveau locataire de temps en temps !

Témoignage

Frank Pervanchon

« Mes premières prises de conscience en matière d'argent. »

L'argent, j'ai compris très tôt son pouvoir : vivre en autonomie pour ne plus dépendre d'un travail quotidien.

À 8 ans j'avais calculé le capital nécessaire pour vivre des intérêts d'un livret. J'avais l'intuition, mais pas les connaissances !

Devenu adulte, j'ai voulu à plusieurs reprises acheter mon appartement, convaincu qu'un loyer était versé à perte, mais là encore, je n'avais pas compris qu'une maison est un passif : que ce soit un versement de loyer ou des mensualités à la banque, c'est toujours une sortie d'argent qui éloigne de l'autonomie.

À 25 ans j'ai cru trouver le Graal : la lecture d'un article économique sur l'intérêt d'investir dans un immeuble a été un déclic. Vivre dans l'un des logements et louer les autres, voilà l'idée qui me paraissait la plus adaptée à mon ambition d'autonomie financière.

En 2004, j'achetais donc un immeuble de 3 appartements dans la petite couronne parisienne. Je vivais à l'étage et louais les 2 autres. Les premières années ont bien fonctionné. Mais là encore je n'avais pas les clefs : j'ai acheté en propre, j'ai loué nu, j'ai confié la gestion à une agence locale sans garantie. Les problèmes sont apparus en 2012 quand j'ai décidé de devenir locataire d'une maison plus grande dont le loyer serait compensé par la location de mes 3 appartements.

En moins de 2 ans, entre les vacances de locataires sur plusieurs mois en raison des garanties exigées, les dégradations à compenser sans caution suffisante, les frais d'agence, les charges mal réparties et le montant élevé de la fiscalité sur les revenus fonciers, je me suis retrouvé dans une situation que je ne comprenais pas : mon compte était à découvert chaque mois malgré des revenus salariés plus que corrects – plus de 800 euros par mois, qui s'accumulaient d'un mois à l'autre... Soit plus de 12 000 euros par an !

J'ai dû me résoudre à vendre un des appartements. Mais le problème n'était pas résolu : je savais bien qu'à ce rythme, il me faudrait vite en vendre un autre.

En 2016, j'ai compris que j'avais besoin d'aide pour ne pas tout perdre. Je me suis inscrit à la formation « Richesse et Liberté ». Premier constat fait rapidement : mes entrées d'argent ne couvraient pas mes sorties. L'origine de tous mes problèmes, que je n'avais pas identifiée jusque-là. Une évidence que je ne connaissais pas !

La formation m'a alors ouvert les yeux sur une solution jusque-là inimaginable : étaler le crédit de l'immeuble. Inimaginable car on m'avait toujours dit qu'il fallait payer le capital au plus vite : j'avais même augmenté mes mensualités ! Ce changement de croyance a été bouleversant pour moi et ça a fonctionné. En un coup de téléphone au banquier, j'avais résolu tous mes problèmes car mes mensualités sont passées de 1 300 euros par mois (crédit sur 8 ans) à 500 euros (crédit sur 20 ans).

Finis les découverts à la banque ! Avec le capital de la vente du deuxième appartement, vendu cette fois volontairement, et les gains mensuels qui revenaient, je pouvais à nouveau réfléchir à mon autonomie financière – et reprendre mes investissements.

Pour aller plus loin

https://ledomainedelabarre.fr

Chapitre 5

Misez sur l'immobilier à haut rendement

Nous allons maintenant nous intéresser à l'immobilier à haut rendement, celui qui :

- vous offrira une rentabilité de 8 à 12 %, parfois plus ;
- vous permettra de respecter la règle d'or des « entrées supérieures aux sorties », quel que soit le prix au mètre carré du bien que vous voulez acheter ;
- vous permettra de devenir « rentier de l'immobilier » et de quitter votre emploi salarié actuel pour un mode de vie plus riche, d'argent et de temps, si c'est votre objectif.

C'est grâce à l'immobilier à haut rendement que vous pourrez générer **un vrai revenu**, vivre de vos rentes, prendre votre « retraite » à 40 ans (ou un peu avant, ou un peu après).

Vous ne gagnerez pas réellement de l'argent sans rien faire car un rendement plus important signifie presque toujours un investissement en temps plus important. Mais on est assez loin des 35 heures par semaine !

- Avec la colocation : vous aurez plus de locataires à gérer, donc plus d'entrées-sorties qu'avec un seul locataire.
- Avec la location courte durée : vous sous-traiterez probablement la partie « accueil/ménage » mais vous aurez le « souci » du planning à remplir.
- Avec un immeuble de rapport (IDR), c'est plus de surface, plus d'appartements, donc plus de fuites d'eau à colmater.
- Avec l'immobilier commercial, les locataires sont des entreprises ou des commerces… qu'il faut également trouver et mettre en place.

Et bien sûr, tout investissement immobilier commence par une phase de recherche/financement/travaux et aménagement, qui prend du temps et de l'énergie.

Mon propos n'est pas de vous décourager, bien au contraire. La rente, la sécurité, le plaisir que procure l'immobilier valent largement le temps que vous y aurez investi.

Comme ce sera probablement, dans un premier temps, en complément de votre emploi salarié, je pars du principe qu'un homme ou une femme avertis en valent deux… et que vous devez être prévenu qu'il vous faudra un peu de temps pour arriver au bout – afin que vous sachiez à quoi vous attendre.

La colocation

La colocation est rentrée dans les mœurs depuis quelques années déjà et s'est largement démocratisée. Elle n'est plus réservée aujourd'hui à des populations aux faibles revenus : elle s'adresse désormais à toute personne séduite par la vie en communauté.

Qui seront vos futurs locataires ?

Les étudiants restent la population la plus concernée par la colocation : au début, il s'agissait pour eux de faire des économies sur le loyer, en partant du principe qu'une chambre en colocation revient moins cher qu'un studio isolé. Ce n'est plus le cas aujourd'hui où une chambre en colocation peut être plus chère qu'un studio (voir le tableau ci-après). Mais dans le cas du studio, la surface dont vous avez l'usage est de 18 m^2, quand elle est de 40 ou 50 m^2 en colocation.

Voici ce que l'on peut trouver aujourd'hui à Rennes, ville étudiante par excellence, où les colocations sont monnaie courante.

Exemples de loyers demandés pour une personne (charges comprises)

Exemples de colocation	
5 pièces / 4 chambres – 76 m^2	400 euros
5 pièces / 4 chambres – 75 m^2	450 euros
4 pièces / 3 chambres – 75 m^2	420 euros
5 pièces / 4 chambres – 75 m^2	330 euros (10 m^2) à 390 euros (17 m^2)
5 pièces / 4 chambres – 81 m^2	375 euros

Studio/appartement isolé	
18 m^2	375 euros
14 m^2	350 euros
16 m^2	380 euros
24 m^2	450 euros
14 m^2 (non meublé)	400 euros

L'aspect financier se fait donc de plus en plus mince au détriment d'autres intérêts tels que l'envie de plus de confort, d'un plus grand espace de vie, l'attrait de la vie en communauté, éviter de s'installer durablement… qui vont séduire les étudiants mais aussi d'autres populations telles que les travailleurs détachés, les seniors, les jeunes célibataires, les mères isolées.

En tant que locataire, il peut être psychologiquement préférable de choisir la colocation lorsqu'on ne sait pas de quoi demain sera fait :

- soit que vous êtes étudiant et ne savez pas où vous serez embauché après vos 3 années d'études universitaires ;
- soit que votre entreprise vous a détaché pendant 6 mois dans une ville où vous n'avez pas l'intention de vous installer définitivement ;
- soit que votre condition de jeune femme ou jeune homme célibataire n'est pas faite pour durer et que vous avez bien l'intention de vous installer à deux dès que vous aurez rencontré l'homme ou la femme de votre vie.

À loyer équivalent, la colocation c'est aussi :

- plus de mètres carrés à l'usage : le salon, la cuisine, la salle de bains en plus de la chambre de 10 m^2 ;
- plus de confort : machine à laver, TV et lave-vaisselle font maintenant partie de l'équipement de base pour certaines colocations haut de gamme ;
- plus d'espace : la perception de l'espace global à disposition est forcément différente dans un appartement de 100 m^2 (même si on n'en a pas l'usage en totalité) que dans un studio de 20 m^2 ! Les murs sont moins proches… et on peut même envisager la présence d'un jardin (colocation en maison) ou d'un balcon.

L'évolution de notre société (hausse des séparations, vieillissement de la population, recul de l'âge de l'installation à deux, télétravail) influe sur la constitution des ménages, qui sont de plus en plus nombreux, et de plus en plus petits. Les familles monoparentales représentent presque 9 % de l'ensemble des ménages et plus d'un tiers d'entre eux n'est désormais constitué que d'une seule personne.

Voilà qui ouvre des perspectives à la colocation. Non plus par incertitude quant à l'avenir, non plus pour s'offrir des mètres carrés moins chers, mais pour vaincre l'isolement et retrouver le goût de la vie en communauté. C'est ainsi que se développent des colocations de seniors ou des solutions de « *coliving** » pour familles monoparentales.

Quels avantages pour un propriétaire ?

Le marché de la colocation devrait donc perdurer pour les prochaines années et c'est un type d'immobilier à haut rendement que vous pourriez utilement considérer dans votre stratégie de rentier de l'immobilier. Car si la colocation offre des avantages aux locataires, elle offre également bien des avantages à l'investisseur immobilier.

Une rentabilité bien supérieure à celle d'une location simple

En effet, la colocation utilise un effet de levier bien connu : celui de la division. Au lieu de louer une surface entière à 1 seul locataire, vous louez la même surface à 3 ou 4 locataires (suivant la taille de votre colocation). Chaque locataire paye un peu plus cher que la simple surface de sa chambre, pour tenir compte des parties communes et des services apportés (location meublée notamment).

En chiffres, cela donne :

- loyer pour un appartement de 85 m^2 en location nue : 1 120 euros (charges comprises), soit 13 440 euros de chiffre d'affaires annuel ;
- loyer pour un appartement de la même taille en colocation : 1 600 euros, soit 19 200 euros de chiffre d'affaires annuel.

Soit **43 % de mieux** dans le deuxième cas. Et donc une rentabilité bien supérieure !

Comment calculer votre rentabilité (avant impôt)

La rentabilité de votre bien correspond en fait à **ce que vous rapporte** l'argent que vous avez mis dans votre investissement.

On prendra donc en compte l'ensemble des revenus MOINS l'ensemble des charges d'exploitation (on ne prend pas en compte les intérêts d'emprunt). **Soit votre revenu net.**

Que l'on comparera à l'investissement global réalisé : coût du bien + travaux + frais d'agence + frais de notaire + ameublement (si vous êtes en meublé). **Soit le montant de l'investissement.**

La rentabilité, c'est donc :

Revenus nets / Investissement global

Quel que soit le mode de financement ! Les échéances de crédit ne sont pas prises en compte.

Elle sert à comparer deux investissements : vaut-il mieux placer votre argent sur un livret A (à 0,5 %) ou dans l'immobilier (à 2, 5 ou 10 % selon le mode d'exploitation choisi) ?

Voici un exemple chiffré pour un appartement de 50 m² loué en meublé :

- Coût d'achat : 130 000 euros
- Frais de notaire : 10 400 euros
- Pas de frais d'agence
- Travaux et ameublement : 20 000 euros
- **Total investi : 160 400 euros**
- Loyer annuel, toutes charges comprises : 9 000 euros
- Charges (copropriété ; taxe foncière ; assurance PNO*) : 1 800 euros
- **Revenus nets : 7 200 euros**
- **Rentabilité : 4,49 %** (7 200 / 160 400 × 100)

Il s'agit de votre rentabilité avant impôt.

Un peu faible, dans mon exemple, surtout pour une colocation, et même s'il s'agit d'une location meublée qui n'engendrera pas d'impôt lors des premières années (voir le chapitre 6).

Vous louez en meublé et profitez de la fiscalité de la LMNP*

Je vous invite à voir le chapitre 6 consacré à la fiscalité.

Prenez cependant d'ores et déjà pour acquis que la location meublée est plus avantageuse, fiscalement, que la location nue.

Des locataires qui s'installent pour une plus courte durée

Des locataires plus « volatiles » : est-ce un avantage ou un inconvénient ?

Je classerais personnellement cette caractéristique de la colocation au rang des avantages. Cela oblige bien sûr à rechercher plus souvent des locataires mais cela signifie également moins de loyers impayés ou de dégradations, plus de rotation et de contrôle sur le logement.

Une gestion peu consommatrice de temps

Comme tout investissement immobilier, le démarrage d'une colocation prend un peu de temps : celui de trouver le bien, le financement et l'aménagement du lieu en fonction de sa destination. Vous retrouverez tous les détails à ce sujet en troisième partie de ce livre.

Par la suite, en phase d'« exploitation », la gestion du bien se résume le plus souvent à trouver des locataires – qui loueront votre bien sur un temps relativement long : quelques mois ou quelques années selon les profils. Des sites comme leboncoin, lacartedescolocs.fr, appartager.com, locservice.fr vous permettront d'aller assez vite sur ces phases de « recrutement » récurrentes (elles se produisent à chaque changement de locataire).

Grâce à Internet, elles peuvent se gérer en grande partie à distance et vous ouvrent donc l'opportunité d'investir à peu près partout en France, et pas seulement à deux pas de chez vous. En particulier si la région dans laquelle vous habitez présente des prix au mètre carré interdisant une rentabilité correcte.

La rentabilité d'une colocation

Chaque colocation est différente et il n'est pas possible de vous garantir une rentabilité plutôt qu'une autre. Mais vous pouvez garder en tête que la majorité des colocations affichent **une rentabilité comprise entre 8 et 12 %**.

Nous avons préparé pour vous une page de calcul qui vous permettra d'évaluer rapidement la rentabilité de votre colocation. Celle-ci figure en annexe 4 de ce livre mais vous la retrouverez également avec le lien suivant : https://nathaliecariou.com/calculs, si vous souhaitez faire vos calculs en direct.

Trouver le bien idéal pour une colocation

Si la colocation vous apparaît comme une bonne solution pour investir dans l'immobilier, vous allez devoir maintenant trouver « le bon bien » à acheter pour mettre en place votre première colocation. Il peut s'agir d'un appartement ou d'une maison. Dans tous les cas, qui dit colocation dit plusieurs pièces. Vous viserez donc un T3 (*a minima*) mais plus certainement un T4 ou un T5.

S'il est bien sûr possible de mettre en place une colocation à deux personnes (T3), il est probable que votre rentabilité sera optimisée avec 3 ou 4 chambres. Soit un T4 ou un T5, composé d'une pièce à vivre et de 3 ou 4 chambres individuelles.

En page suivante, vous trouverez le plan d'un appartement refait et optimisé en vue d'une colocation.

L'appartement fait 82 m^2. Il est constitué de 4 chambres de 9 à 11 m^2, de 2 salles d'eau, d'un WC séparé, d'une pièce à vivre avec cuisine ouverte.

Dans une colocation, on oubliera la double pièce de vie : salon et salle à manger séparés. Mais on peut en revanche imaginer une cuisine séparée, ouverte ou pas sur le salon.

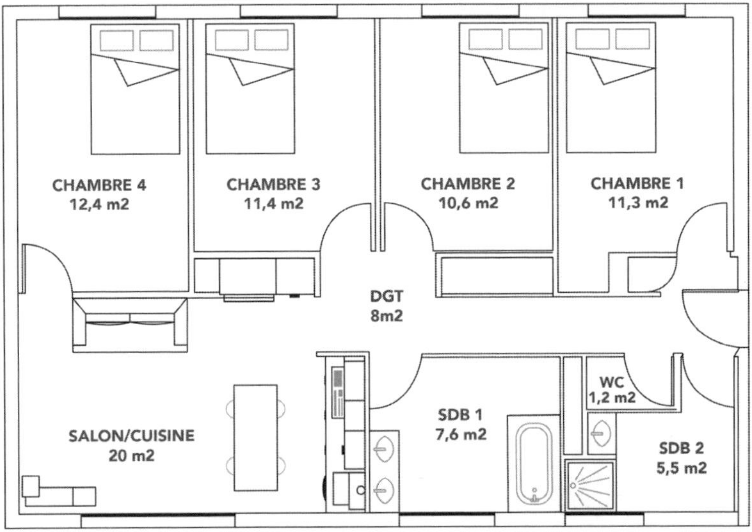

Figure 3 – Plan d'un appartement optimisé pour la colocation

Certains opteront pour une colocation sans réelle pièce à vivre – mais avec une grande cuisine. Je vous laisse juge des éléments de confort que vous voudrez offrir à vos locataires.

Je préconise un espace de vie commun (salon ou très grande cuisine conviviale) et des espaces individuels (chambres).

L'important, cependant, quand il s'agit d'acheter un bien pour mettre en place une colocation, sera d'évaluer au mieux la surface et d'éviter la place perdue.

L'exemple donné ici est particulièrement optimisé… On peut imaginer un appartement un peu plus grand. Néanmoins, un 100 m^2 avec 3 chambres serait bien au-dessus de la moyenne en termes de mètres carrés… et bien en dessous en termes de rentabilité.

Les mètres carrés se payent. Et lorsqu'on parle d'immobilier à haut rendement, une **rentabilité de 8 % nette avant impôt** est un bon point de repère.

Vous viserez donc un bien de :

- 60 à 70 m^2 pour une colocation de 3 chambres ;
- 75 à 90 m^2 pour une colocation de 4 chambres ;
- 95 à 120 m^2 pour une colocation de 5 chambres.

Le bien que vous trouverez ne sera pas nécessairement optimisé pour de la colocation. Vous devrez être prêt à :

- changer une cloison de place pour créer une chambre supplémentaire ou rééquilibrer la taille des chambres ;
- déplacer une salle de bains ou une cuisine ;
- rajouter un sanitaire ;
- rénover le sol et les murs ;
- faire quelques travaux d'électricité ou de plomberie…

Des travaux de second œuvre plus ou moins importants selon l'état du bien que vous achèterez.

L'aménagement d'une colocation

Est-il nécessaire d'avoir une salle d'eau par chambre ?

Je vous conseillerais plutôt une salle d'eau (avec douche) pour 3 personnes (maximum), donc 2 salles d'eau pour 4 ou 5 colocataires. La réalisation d'une salle d'eau par chambre représente un surcoût que vous aurez peut-être du mal à valoriser auprès de vos locataires. Non pas qu'ils ne seraient pas sensibles à ce luxe, mais ils ont également un budget à respecter !

Peut-on faire une colocation à plus de 4 personnes ?

Il est bien sûr possible d'envisager une colocation de plus de 4 personnes si les équipements de la colocation sont adaptés en conséquence : réfrigérateur plus grand ; 2 (ou 3) salles de bains + un WC séparé ; pièce de vie plus grande ; etc.

Quelle est la taille optimale pour une chambre ?

En dessous de 9 m², une pièce ne peut être louée comme chambre. Est-ce la bonne taille pour une chambre ? Quelques centimètres carrés supplémentaires ne seront certainement pas malvenus. Mais je vous conseillerais d'éviter les chambres de 20 m², agréables certes, mais difficiles à rentabiliser.

Lit simple ou lit double ?

J'ai tendance à considérer que les adultes aiment dormir dans un lit double (lit de 140 cm, standard, pour faciliter la vie du locataire, qui amènera son linge de lit). Mais un lit simple ne sera probablement pas rédhibitoire. Si votre chambre est un peu petite (jamais moins de 9 m²), un lit de 120 cm peut être une option acceptable.

Autre élément à déterminer : le lieu géographique dans lequel installer votre colocation.

Nous l'avons vu, la distance entre la colocation et vous n'a pas une si grande importance. Certes, la proximité vous rassurera peut-être, voire vous encouragera à vous lancer. Mais cette facilité de gestion n'est à prendre en considération que :

- si le prix au mètre carré près de chez vous est compatible avec un investissement rentable tel que nous l'avons défini précédemment ;
- s'il y a, près de chez vous, une ville favorable à la colocation.

Comme nous l'avons déjà mentionné, les locataires intéressés par une colocation ne se résument pas aux étudiants. Néanmoins, choisir une ville étudiante est une solution de facilité qui vous garantira un taux de remplissage correct.

Qu'est-ce qu'une ville favorable à la colocation, donc ?

- Une ville étudiante (beaucoup d'universités ou d'écoles) : Rennes, par exemple, comme déjà évoquée.
- Une ville avec un fort taux d'activité économique, où les jeunes actifs sont nombreux : même s'il s'agit d'un marché un peu cher, la banlieue parisienne répond parfaitement à ce critère.
- Une ville de province, de taille moyenne, dans laquelle vous voudriez mettre en place une colocation pour seniors actifs.

Dans tous les cas, vous devrez viser une ville/population pour laquelle le marché est en tension avec trop peu de logements de petite taille à louer.

Étude de marché express : comment s'assurer de la demande ?

Comme tout investisseur, vous voudrez mettre toutes les chances de votre côté et vous assurer, avant de démarrer votre projet, qu'il y a bien une demande pour de la colocation dans la ville que vous avez en ligne de mire.

Pour cela, l'astuce consiste à faire paraître une annonce décrivant précisément le type de bien que vous comptez mettre en colocation, avec le nombre de chambres, le nombre de mètres carrés, les équipements, le profil des colocataires recherchés, le quartier dans lequel vous voulez vous installer, etc. Un maximum de détails conformes au projet que vous avez en tête.

Que vous illustrerez de photos :

- des photos d'une autre de vos colocations présentant le même type d'ameublement si vous n'en êtes pas à votre premier investissement ;
- des simulations 3D qu'un graphiste ou un étudiant en école de graphisme sera ravi de réaliser pour vous pour quelques centaines d'euros. Un investissement faible pour vous rassurer sur votre marché.

Vous verrez rapidement, à la parution de votre annonce, si vous avez des personnes intéressées.

Parlons chiffres

Voici également quelques valeurs de référence, qui vous permettront d'estimer votre rentabilité et votre cash-flow* pour un bien que vous voulez acheter. Ce ne sont que des points de repère indicatifs qui ne tiennent compte ni de la localisation de votre bien, ni de son isolation, ni de ses équipements. Ne tenez rigueur ni à vos colocataires (ni à moi !) si vous êtes finalement un peu en dessous ou un peu au-dessus.

Côté revenus, vous pouvez espérer louer une chambre en colocation entre 300 et 500 euros toutes charges comprises. Cela dépendra de la tension locative dans la ville où vous souhaitez investir et du standing de votre colocation.

Côté charges, voici une estimation moyenne pour une colocation de 4 personnes :

- électricité (hors chauffage) : 60 à 80 euros par mois ;
- chauffage : 140-170 euros si c'est un chauffage électrique, 80-100 euros si c'est un chauffage au gaz ;
- eau : 40-60 euros par mois (si elle n'est pas comprise dans les charges de copropriété) ;
- charges de copropriété : vous serez vigilant au moment de l'achat, que ces charges ne soient pas trop lourdes pour votre colocation – des charges de copropriété de 200 ou 300 euros par mois seront facilement assimilables pour une colocation de 4 chambres dont le loyer global toutes charges comprises est de 1 400 euros par mois (soit 75 euros par personne). En revanche, ce sera plus compliqué pour une colocation de 3 chambres dont le loyer global toutes charges comprises est de 900 euros, car un tiers du montant du loyer facturé à vos colocataires servira à couvrir les charges de copropriété.

Vous préférerez une facturation des charges au forfait* plutôt qu'au réel. Pour vous simplifier la gestion et parce que c'est le seul moyen d'inclure l'électricité dans les charges de la colocation (que vous n'avez pas le droit de refacturer après relevé de la consommation au compteur).

Dernier point de repère qui pourrait vous aider dans votre décision d'achat, une colocation dont les charges sont maîtrisées devrait dégager un cash-flow (ce qui reste sur le compte quand vous avez tout encaissé et tout payé) d'environ **un tiers des loyers perçus**.

Comment calculer votre cash-flow

Le cash-flow de votre bien correspond à **ce qui reste** sur votre compte en banque, une fois que vous avez tout payé (charges et crédit). On repartira de votre revenu net (calculé plus haut) auquel on soustraira les échéances de prêt.

Votre cash-flow correspond à :

Revenus nets – Remboursement du crédit

Vous retrouverez le montant de votre cash-flow sur votre compte en banque ou sur le compte de votre société (trésorerie) si vous avez investi en société.

Calculons votre cash-flow dans l'exemple cité ci-dessus, en imaginant que votre bien ait été partiellement financé par un crédit (emprunt de 120 000 euros sur 20 ans) :

- **Revenus nets : 7 200 euros**
- **Mensualités de crédit : 7 080 euros (590 euros par mois)**
- **Cash-flow annuel : 120 euros**

Le cash-flow de ce bien est évidemment très insuffisant pour que je recommande un tel investissement. Néanmoins, même si elle ne vous permet pas de dégager d'argent, cette opération permet au moins un autofinancement : ce n'est pas vous qui remboursez le crédit mais vos locataires. La règle d'or est remplie. C'est une première étape.

Mise en garde : le cash-flow ne correspond que très rarement à votre résultat comptable ou fiscal. En effet, selon la manière dont vous exploitez votre bien, celui-ci sera :
• plus élevé que le cash-flow en location nue car seuls les intérêts d'emprunt seront déduits de votre revenu net (pas le remboursement du capital) ;
• moins élevé que le cash-flow en location meublée car vous déduirez en plus des amortissements* qui ne correspondent pas à une réelle sortie d'argent.

L'avenir de la colocation

Je voudrais évoquer ici trois facteurs d'évolution qui devraient selon moi impacter le marché de la colocation dans les années à venir.

Une demande et une offre en hausse

Le nombre de logements en France est notoirement insuffisant. Le prix des loyers risque de plafonner au plus haut pendant encore quelques années. Et la démographie favorise la multiplication des foyers individuels (personnes âgées et veuves ; familles monoparentales ; divorces...). Ces trois facteurs sont on ne peut plus favorables à la colocation.

Néanmoins, l'offre de colocation s'accroît également en même temps que le nombre de personnes qui ont compris qu'il n'était plus possible aujourd'hui de compter sur les autres (état ou entreprise) pour prendre en charge leur bonne santé financière : les investisseurs, dont vous ferez j'espère partie, sont de plus en plus nombreux.

L'avenir de la colocation est donc celui du haut de gamme, offrant des services adaptés à ce public (l'abonnement Netflix est devenu un incontournable, ou presque, dans une colocation visant les jeunes adultes), dont le loyer « tout compris » inclut forfaitairement l'ensemble des charges. Ceci vous permettra de vous démarquer du lot et de vous assurer un flot de locataires constant.

Des colocations thématiques

Parallèlement à l'augmentation de l'offre de colocation, un observateur attentif aura probablement l'impression, à juste titre, d'une **multiplication d'offres de plus en plus semblables**. Confiées à des architectes d'intérieur, les nouvelles colocations multiplient les ambiances modernes, aptes à plaire au plus grand nombre mais sans beaucoup de personnalité.

Pour se différencier davantage dans un marché plus concurrentiel qu'il n'était il y a quelques années, l'avenir est aux colocations à thème… Colocation cinéma pour les amoureux du 7e art, dans laquelle une pièce aveugle, au premier abord inexploitable, sera convertie à peu de frais en salle de projection. Colocation sportive où un sous-sol bien agencé fera une très intéressante salle de sport. Colocation écolo à base de meubles recyclés pour ceux et celles qui se soucient de l'avenir de la planète… Tout est possible : le thème donnera du cachet et de la visibilité à votre colocation. Et assurera votre taux de remplissage.

Voici d'autres exemples de colocations thématiques :

- la colocation « business » pour étudiants ou actifs en télétravail… équipée de la fibre et de prises RJ45 pour la connexion Internet ;
- la colocation régionale… décorée et équipée en fonction des spécificités régionales ;
- la colocation bien-être… spa ou sauna à disposition ;
- la colocation seniors avec jeux et table de jeu, de plain-pied, etc.

Du bail solidaire au bail individuel

À l'origine était le bail solidaire ! Un ensemble de personnes décidaient, ensemble, de prendre un appartement et une maison ; s'adressaient, ensemble, à un propriétaire et signaient un bail solidaire. Autrement dit, les uns garantissaient au propriétaire de prendre en charge l'éventuelle défaillance financière des autres.

Ce bail existe toujours, bien sûr ; néanmoins le nombre de personnes qui choisissent une colocation sans connaître les autres protagonistes de la colocation va en augmentant. De même que les annonces de propriétaires mettant en avant une « chambre à louer dans une colocation » et non l'ensemble de la colocation.

Plus question dans ces conditions d'être solidaire de parfaits inconnus. Le bail sera individuel – ou éventuellement collectif – sans clause de solidarité entre membres.

Quels documents pour votre colocation

Vous aurez le choix entre trois baux :

- un bail individuel ;
- un bail collectif sans clause de solidarité ;
- un bail collectif avec clause de solidarité.

Si le troisième peut sembler plus rassurant (bail collectif avec clause de solidarité), il peut être également répulsif pour des locataires qui n'ont pas envie d'être solidaires. Dans ce bail en effet, si un colocataire ne paye pas, le bailleur peut se retourner vers les autres colocataires ou leurs garants.

Si vous optez pour un bail collectif (ou commun) :

Un bail collectif SANS clause de solidarité représentera un bon compromis. On y indiquera le montant global du loyer, sans répartition entre colocataires, et la surface globale de l'appartement ou de la maison mis en location.

Charge aux colocataires de vous régler chacun leur part ou de regrouper leur quote-part sur un compte commun dont partira un seul et même virement.

Depuis l'entrée en fonction de la loi Alur, la loi impose un contrat type de colocation si vous optez pour un bail collectif (ou bail commun).

Les prénoms et noms des colocataires figureront sur une des annexes au contrat : l'annexe de désignation des colocataires. Le bail principal sera donc générique et souscrit entre le bailleur (vous) et 4 colocataires (si vous avez 4 chambres) : le colocataire 1, « tel que désigné en annexe du présent contrat » ; le colocataire 2, « tel que désigné en annexe du présent contrat », etc. Une nouvelle annexe sera ajoutée au contrat à chaque changement de locataire.

Vous pourrez également demander un acte de cautionnement par colocataire.

Si vous optez pour un bail individuel :

Il peut être tout simplement impossible de mettre en place un bail individuel si votre règlement de copropriété interdit de louer un lot en chambre séparée. Le bail individuel s'apparente en effet à une division de lot, éventuellement interdite par votre règlement de copropriété, et éventuellement soumise – à la discrétion de la commune – à la création d'une place de parking par chambre.

Le bail individuel est plus simple puisque vous gérez chaque locataire de manière autonome : caution spécifique ; dépôt de garantie spécifique ; loyer payé séparément. Vous y indiquerez la surface privative affectée au colocataire (usage exclusif) et la surface d'usage commun (partie commune).

Dans l'un et l'autre cas, s'agissant de location meublée, le bail sera légalement assorti du paiement d'un dépôt de garantie de deux mois et d'une durée de préavis d'un mois (en cas de départ).

Le bail (collectif ou individuel) s'accompagnera des annexes suivantes :

- l'annexe relative aux réparations locatives (qui précise l'entretien qui revient au locataire) (standard) ;
- la notice d'information des droits et obligations des locataires et des bailleurs (standard) ;
- un état des lieux ;
- un inventaire du mobilier et des équipements ;
- le règlement intérieur de la colocation – qui régit les règles d'usage de la colocation. C'est l'annexe à laquelle vous aurez le plus à réfléchir. Vous trouverez en annexe de ce livre les principaux éléments que vous pourriez inclure dans votre règlement intérieur de colocation ;
- les annexes de désignation des colocataires – uniquement en cas de bail collectif ! Vous rédigerez une annexe par colocataire entrant. Vous trouverez en annexe 7 de ce livre un exemple de formulation de cette annexe importante ;
- le ou les actes de cautionnement.

La colocation moyenne durée

Au croisement de la colocation et de la location courte durée, les besoins pour des colocations de moyenne durée sont de plus en plus évidents. Étudiants en stage, actifs en formation, ouvriers… sont demandeurs de solutions de logement pour 1 à 6 mois.

Pas question alors d'avoir recours à un bail de location meublée classique d'un an renouvelable. Vous ferez signer un bail mobilité*.

Voici quelques caractéristiques du bail mobilité :

- pas de dépôt de garantie mais vous pouvez mettre en place une garantie VISALE ;
- pas de clause de solidarité entre locataires ;
- le préavis pour un locataire qui voudrait partir de manière anticipée est d'un mois.

Cette formule de colocation moyenne durée – à étudier (elle ne s'adaptera pas à toutes les localisations) – signifie certes plus de *turnover* dans les locataires… mais aussi une plus forte rentabilité : le service fourni – soit une période locative courte de 3 ou 6 mois – peut très justement s'accompagner d'un loyer mensuel supérieur à celui d'une colocation classique (mais très inférieur à une location courte durée, légalement limitée à 3 mois consécutifs).

Le *coliving* : la colocation à l'échelle d'un immeuble

Et si la colocation ne se limitait plus aux personnes célibataires ? Si elle concernait aussi les familles ? Si elle ne se limitait plus à des appartements ou des maisons individuelles mais s'étendait à l'ensemble d'un immeuble ?

C'est ce qui se cache derrière le nouveau concept de « *coliving* ». Comme dans une colocation classique, le bien en location alterne des parties privatives (appartement d'une ou plusieurs pièces) et des parties collectives : salle de jeux, salle multimédia, salon, buanderie, cuisine… Il vous reste à inventer la colocation de demain !

L'éclairage de l'expert

Audrey Perrin, experte en colocation haut rendement

La colocation est demandée

Au-delà du prix, les locataires actuels recherchent une expérience. Une vie en communauté. Remplie de partages, de discussions, de bons plats. La convivialité en ayant aussi « son cocon ». Qui n'intéresse pas seulement les populations les plus jeunes !

Souvent, lorsqu'on pense colocation, on pense aux étudiants. Pourtant, détrompez-vous : l'âge moyen d'un colocataire en France va de 26 à 40 ans. Et il n'est pas nécessaire d'investir dans une ville étudiante pour que sa/ses colocations fonctionnent. Au contraire.

En effet, selon une étude du site Appartager, les salariés ont « devancé » les étudiants aujourd'hui dans les colocations, puisque ces derniers ne représentent plus que 45 % des colocataires[9].

Que vous soyez nouvel arrivant dans une ville – où vous ne connaissez personne et vous préférez discuter et créer du lien plutôt que de vous morfondre dans votre studio... seul – ou étranger – et vous voulez vous familiariser avec la langue, la colocation étant idéale pour pratiquer une langue au quotidien –, les raisons de choisir une colocation sont nombreuses.

La colocation est économique, pour le locataire et le propriétaire

Pour le propriétaire :

- un appartement acheté en vue de la colocation se négocie mieux qu'un studio ;
- plus une surface est grande, plus le tarif au mètre carré peut être négocié ;
- en effet, davantage de personnes ont la capacité financière d'acheter un studio. Il y aura ainsi plus d'acheteurs et donc peu ou pas de marge

9. https://www.parisjob.com/actualites/en-colocation-la-part-de-salaries-est-plus-importante-que-celle-des-etudiants.html

de négociation au moment de l'achat. Ce qui est nettement moins le cas avec les surfaces plus grandes ;

• de plus, les locataires restant moins longtemps que dans une location traditionnelle, vos loyers resteront au plus près des prix « du marché ». Un loyer fixé à votre entrée dans les lieux et revalorisé régulièrement pendant 10 ans sera dans 99 % des cas plus bas, 10 ans plus tard, que le loyer qui vous sera proposé sur le marché.

Pour le locataire :

• le gros point fort de la colocation reste la mutualisation des charges : une seule box Internet pour la colocation, un seul abonnement à l'eau, à l'électricité, au gaz... Une économie pour le propriétaire et le locataire ;

• comme les charges sont le plus souvent proposées forfaitairement, les colocataires avertis apprécient également de ne rien avoir d'autre à débourser ;

• même l'assurance peut être souscrite directement par le propriétaire en lieu et place de ses locataires, et intégrée dans un loyer « toutes charges comprises ».

Pour aller plus loin

Mes accompagnements et formations sont disponibles sur mon site : https://les-revenus-autrement.fr

La location courte durée

Vous avez bien sûr déjà entendu parler de personnes qui « louent sur Airbnb » ou qui font de la location saisonnière... Elles ne louent plus de manière traditionnelle grâce à un bail d'habitation de 1 an (location meublée) ou de 3 (location nue) : elles louent pour une durée allant de 1 à 120 nuits (maximum) – elles font ce que l'on appelle de la **location courte durée** (LCD)*.

Et puisque nous en sommes au vocabulaire, elles louent donc une **chambre d'hôte*** ou un **meublé de tourisme***, ont ouvert une activité de **loueur meublé non professionnel** (LMNP)* ou **professionnel**

(LMP)★ et déclarent leurs revenus dans la catégorie des **BIC (bénéfice industriel et commercial)**★.

Nous y reviendrons un peu plus loin lorsque nous parlerons de l'avantage fiscal que constitue la location meublée. Néanmoins, un rappel de vocabulaire s'impose dès maintenant pour parler le même langage et éviter les « à peu près » malheureusement courants mais qui n'aident pas à y voir clair.

- La location courte durée s'oppose à la location longue durée (avec bail d'habitation). Elle est limitée à 90 jours consécutifs pour des personnes qui ont interdiction d'y élire leur domicile principal.
- Il s'agit d'une forme de location meublée (entrent aussi dans la catégorie des locations meublées, la colocation ou la location meublée longue durée) à opposer à la location nue (ou vide). Elle fait l'objet d'une déclaration d'activité auprès du greffe du tribunal de commerce via le formulaire POI.
- Cette location courte durée pourra être proposée sous la forme d'une chambre ou maison d'hôte, ou d'un meublé de tourisme (gîte, maison de vacances, appartement...), déclarés en mairie. La différence entre les deux : l'hôte d'une chambre d'hôte est obligatoirement présent et le petit-déjeuner proposé avec la chambre. Un meublé de tourisme sera le plus souvent en « gestion libre ». Pas de petit-déjeuner servi par l'hôte ou l'hôtesse des lieux. Avec la possibilité de louer un appartement ou une maison distincts de votre propre résidence.
- Un meublé de tourisme doit être déclaré en mairie. Il peut être classé (par un organisme tel qu'Atout France), de 1 à 5 étoiles ; ou non classé.
- Les loyers d'une location meublée, quelle que soit sa forme, sont des revenus industriels et commerciaux (BIC) et non des revenus fonciers (réservés à la location nue).

La location courte durée (originellement une location meublée comme une autre) a profité du développement du tourisme, de l'ubérisation de l'économie et de l'émancipation des investisseurs. Elle s'est donc considérablement développée depuis quelques années.

Différents publics et différents types de bien

La première image qui nous vient en tête lorsqu'on pense location courte durée est celle d'une maison ou d'un appartement loués à des **vacanciers** ou des **touristes** pour un week-end ou une semaine de vacances.

On imagine donc qu'il faut, pour qu'une location courte durée fonctionne, habiter une zone recherchée par les vacanciers : la mer ou la montagne ; ou une zone avec un attrait touristique fort (châteaux de la Loire, pays cathare...).

L'appartement en bord de mer fera le bonheur des familles en vacances ; celui à Versailles ou Chenonceau sera pris d'assaut par les touristes français ou étrangers amoureux des vieilles pierres.

Mais ce ne sont pas les seuls lieux – ni les seuls publics – concernés par la location courte durée.

- Une belle maison de campagne sera un lieu de villégiature parfait pour une ou deux familles souhaitant passer une semaine de vacances au calme. Ou se retrouver entre amis dans un lieu permettant d'accueillir un grand groupe le temps d'un week-end.
- Un studio de centre-ville sera une alternative potentielle à une clientèle de passage qui veut économiser sur le prix d'une chambre d'hôtel ou qui recherche un « chez soi » plus personnel.
- Un studio ou un appartement dans une banlieue industrielle, en apparence peu attractif, pourrait néanmoins afficher complet grâce aux salariés de passage venus installer la vidéosurveillance du supermarché le plus proche, assurer la maintenance de la centrale nucléaire locale, assister à une formation, etc.
- Sans oublier les accompagnants des personnes hospitalisées, les compétitions sportives départementales, régionales ou nationales, les foires et expositions dont les exposants ont, aussi, besoin de se loger.

Vous l'aurez compris : la cible d'une location courte durée est bien plus large que ce qu'on imagine en première instance. Et les appellations de location touristique ou saisonnière, sous lesquelles on la désigne parfois, ne représentent qu'une partie de cette grande nébuleuse.

L'important n'est pas tant la zone géographique dans laquelle vous vous situez que le type de bien que vous allez choisir en fonction de la zone géographique et de la population visées.

Voici dans le tableau suivant les combinaisons type de bien/zone géographique/profil de locataires recherché que je pourrais vous recommander.

Les meilleures combinaisons bien/lieu/locataire

Type de bien	Zone géographique	Locataires visés
Studio (1 à 2 couchages)	Centre-ville Ville de plus de 100 000 habitants	Touristes de passage
Appartement de ville (de 2 à 8 couchages)	Zones touristiques Bords de mer Montagne	Touristes français ou étrangers Vacanciers
Grande maison (de 8 à 20 couchages)	Campagne	Cousinades Rassemblements familiaux Familles Séjours pour adultes handicapés ou enfants défavorisés Groupes de seniors actifs
Studio (1 à 2 couchages)	Ville à forte activité économique/banlieue Ville proche d'une centrale nucléaire	Ouvriers Salariés en déplacement
Centre de réception (*a minima* 10-15 couchages et une salle de réception de 70 à 250 personnes)	Lieu suffisamment isolé	Mariages Séminaires d'entreprises
Studio (1 à 2 couchages)	Proximité d'un centre hospitalier, d'un stade ou d'une aréna, d'une foire-exposition	Accompagnants de personnes hospitalisées Spectateurs Équipes participant à une compétition

La gestion d'un bien en courte durée

Revenons quelques minutes sur le principe de la location courte durée pour mieux comprendre ce à quoi vous vous engagez si vous choisissez cet investissement à haut rendement.

L'aménagement

Une location courte durée (LCD) est une location meublée et équipée.

La première tâche dont vous aurez la charge si vous vous lancez dans la LCD sera donc d'équiper votre lieu dans la perspective du type de location que vous allez mettre en place.

Vous trouverez en annexe 2 la liste des équipements standard que je conseille pour une LCD, que vous compléterez avec des équipements spécifiques en fonction du public visé. Un baby-foot ou une table de ping-pong pourrait être un plus dans une maison de vacances ! Un rameur ou un vélo d'intérieur pour un appartement pour professionnels actifs.

Piscine ou jacuzzi ?

Les biens avec piscine ou jacuzzi font partie des plus recherchés en location courte durée. Ils vous garantiront donc un taux de remplissage plus important – et vous permettront de louer un peu plus cher.

Pour un appartement ou une maison de 2 à 6 personnes, le jacuzzi constitue un plus qui permettra de valoriser votre bien et de le positionner en « haut de gamme ».

La piscine, quant à elle, est particulièrement recherchée pour les locations à la semaine pendant l'été et les locations des week-ends de mai et juin – et ce, quelle que soit la région. Si vous louez une maison et que vous vous adressez à des familles, bien sûr.

Une piscine hors sol ou une piscinette gonflable pour les enfants seront des alternatives tout à fait acceptables si vous n'avez pas de piscine creusée dans le jardin.

Si vous avez la possibilité d'installer piscine ou jacuzzi, n'hésitez pas ! Leur pouvoir d'attraction est supérieur aux frais (eau, électricité) et aux contraintes associées (nettoyage, changer l'eau du jacuzzi...).

La piscine n'a pas lieu d'être ouverte toute l'année si elle n'est pas couverte.

La mise en location

Ceci consistera à :

- prendre de belles photos ;
- mettre des annonces ;

Booking, Airbnb et les autres

Vous disposez d'un bien que vous voudriez mettre en location courte durée. Pour cela, il vous faut rentrer en contact avec de potentiels locataires, suffisamment nombreux pour remplir un calendrier de 365 jours.

C'est là que des sites tels qu'Airbnb, Booking, Abritel, Gîtes de France et bien d'autres entrent en jeu !

Vous y posterez une annonce qui décrira les caractéristiques et avantages de votre logement jusqu'à ce qu'un ou plusieurs locataires prennent contact avec vous.

Je distinguerai 3 types de sites sur lesquels vous pourriez vous faire connaître :

- les sites d'annonces gratuites, l'incontournable leboncoin en tête ;
- les sites traditionnels où vous payez un montant fixe, renouvelable annuellement, qui vous donne droit à la parution d'une annonce. Comme un annuaire dans lequel l'annonceur paye sa place. Citons dans cette catégorie Abritel (qui a une version « contribution fixe »), les offices du tourisme, des sites spécialisés comme selogervacances, a-gites.com ou grandsgites.com ;
- enfin, les plus récents s'inscrivent dans la tendance actuelle d'ubérisation de l'économie : ce sont des intermédiaires dont la vocation n'est plus tant de vous donner un espace de visibilité que de mettre en relation consommateurs et offreurs de solutions (vous). Airbnb, Booking,

Abritel (à cheval sur les deux systèmes) en font partie. Une commission est facturée à chaque transaction conclue entre vous et un locataire, parfois intégralement à votre charge, parfois partagée entre vous et votre locataire.

Voici une idée des commissions prélevées sur le prix de la location par Airbnb, Booking et Abritel :

- Airbnb : 3 % pour le bailleur, 18 % pour le locataire ;
- Booking : 15 % pour le bailleur ;
- Abritel : 25 % pour le bailleur, 15-16 % pour le locataire.

- fixer vos tarifs ;
- définir votre offre : combien de nuits louez-vous au minimum ? Allez-vous ou non proposer le linge ? Allez-vous ou non imposer des frais de ménage ?

Linge ou pas linge

La blanchisserie reste le point noir de la location courte durée. Le coût d'un pressing pour une housse de couette + un drap-housse + 2 taies d'oreiller (pour un lit double) est bien plus élevé que ce qu'imaginent vos locataires. Et si vous le faites vous-même, le temps passé en lavage et surtout repassage est très mal rémunéré !

Il existe certes des blanchisseries industrielles avec ou sans location du linge (la plus connue étant Elis) mais elles ne sont pas présentes dans toutes les villes ; elles supposent des besoins en linge importants car elles ne vous livreront pas pour 2 serviettes et 2 paires de draps ! ; elles n'ont pas toujours la souplesse de fonctionnement adaptée à la location courte durée.

La solution se trouve dans une réflexion approfondie quant aux besoins de vos locataires : si vous louez un studio en centre-ville pour quelques jours dans une ville touristique, vous n'amènerez pas vos draps et serviettes avec vous. En tant qu'hôte, vous êtes en concurrence directe avec les hôtels. Vous fournirez donc systématiquement les draps et les serviettes, et ferez les lits (à inclure dans votre prix à la nuit).

> Par contre, si vous louez une maison dans une ville balnéaire ou à la campagne pour 6 ou 10 personnes qui veulent se retrouver pour un week-end ou une semaine de vacances, il est tout à fait entendable que les draps ne soient pas compris d'office dans la location :
>
> • votre référentiel est différent : vous ne serez plus comparé à un hôtel mais à un mobile-home ou à un gîte, qui l'un et l'autre ont plutôt une culture de « location sans draps ni serviettes » ;
>
> • en fonction de la taille de votre logement et du nombre de couchages, le budget « draps et serviettes » peut s'avérer vite conséquent : vos locataires préféreront faire des économies en s'organisant pour amener les leurs.
>
> Rien ne vous empêche en revanche d'en proposer en option – et avec un coût supplémentaire.

Pour vous donner un exemple : je loue des gîtes pour 20 personnes. Le coût de la location pour un week-end en basse saison est de 1 000 euros (ménage inclus). Les draps et serviettes représentent 250 euros de plus. Soit 25 % du prix du séjour. Il est facile d'imaginer que la plupart de mes locataires préfèrent amener leurs draps et serviettes. Ce qui me convient bien puisque je n'ai pas vocation à être une blanchisserie.

Autre option : les parures de lit jetables… mises à disposition pour ceux et celles qui auraient oublié leurs draps. L'annonce indiquera cependant : « Draps et serviettes non fournis. »

Voici ce que je recommande quant à la durée minimum de location et aux prestations proposées pour les différents types de location déjà mentionnés. Et je préconise d'inclure systématiquement des frais pour un ménage de finition entre chaque location.

Les meilleures combinaisons type de location/durée de location/prestations proposées

Type de location	Locataires visés (rappel)	Durée minimum des locations	Prestations proposées
Studio de centre-ville	Touristes de passage	Location à la nuit	Linge fourni Lits faits
Appartement en zone touristique	Touristes Vacanciers	Deux nuits minimum de septembre à juin À la semaine l'été	Linge en option Lits faits ou non faits
Grande maison de campagne	Cousinades Rassemblements familiaux	Deux nuits minimum de septembre à juin À la semaine l'été	Linge en option Lits non faits
Studio en zone de forte activité économique	Ouvriers Salariés en déplacement	Location minimum de 2 ou 3 jours	Linge fourni Lits non faits
Centre de réception	Mariages	Forfait week-end (du vendredi matin au dimanche soir)	Linge jetable ou en option Lits faits si linge fourni
Studio à proximité d'un centre hospitalier ou d'un stade	Accompagnants Spectateurs Équipes sportives	Deux nuits minimum	Linge fourni Lits faits

L'exploitation du bien

Pour exploiter votre location courte durée, il vous faudra aussi :

- répondre aux annonces ;
- faire et envoyer les contrats si vous ne passez pas par une plateforme comme Airbnb ou Booking (les conditions générales de la plateforme font office de contrat) ;
- accueillir les voyageurs ;
- faire le ménage et le rangement entre chaque location ;
- gérer les urgences.

La gestion du bien

Enfin, tout business s'accompagne de tâches administratives, à effectuer à intervalles plus ou moins resserrés :

- déclarer et payer la taxe de séjour tous les mois ;
- établir votre déclaration de revenus une fois dans l'année.

Déclarer ses revenus

La location meublée, effectuée en nom propre et non par l'intermédiaire d'une société, s'effectue sous deux statuts possibles :

- celui de loueur meublé non professionnel, qui concernera la plupart d'entre vous, en particulier si vous débutez ;
- celui de loueur meublé professionnel si votre activité de location meublée (toutes locations meublées confondues) constitue votre activité principale ET dépasse 23 000 euros de recettes par an.

Dans les deux cas, vous aurez à remplir la déclaration n° 2042-C-PRO complémentaire à votre déclaration de revenus (n° 2042) (que vous déclariez vos revenus au réel ou au forfait) plus la liasse n° 2031 (si vous déclarez vos revenus au réel).

Les revenus issus de la location meublée sont des bénéfices industriels et commerciaux, que l'on peut déclarer en micro-BIC* ou au réel.

En micro-BIC, vous déclarez l'ensemble de vos revenus sur lesquels le service des impôts appliquera un abattement pour charges (50 % ou 71 %) avant de les inclure à votre base imposable.

Dans une déclaration au réel, vous calculerez vous-même votre résultat net. En retirant de vos revenus, les charges et amortissements* (voir le chapitre 6).

Faire appel à un comptable

Autant déclarer ses revenus de location meublée en micro-BIC ne demande aucune compétence comptable particulière, autant une déclaration au réel est un peu plus complexe.

En tant que loueur meublé non professionnel ou professionnel, vous n'avez cependant aucune obligation de faire appel à un expert-comptable pour votre déclaration de BIC au réel, si vous savez remplir la liasse 2031 et la déclaration 2042-C-PRO.

Des centres de gestion agréés sont là pour vous y aider – et s'assurer que vous n'avez pas commis d'erreur. Pour quelques années encore (jusqu'en 2023), adhérer à un tel centre vous donnera d'ailleurs droit à une déclaration de revenus minorés.

Pour autant, nombre d'entre vous ne se sentiront sûrement pas assez habiles avec les chiffres pour établir d'eux-mêmes leurs déclarations 2031.

Un expert-comptable sera alors nécessaire pour établir la comptabilité de votre activité de loueur meublé. Comptez 300 à 500 euros par an et par bien selon que vous choisirez un expert-comptable en ligne ou un expert-comptable proche de chez vous (qui figurera dans vos charges d'exploitation et sera déduit de vos revenus locatifs).

Dans ce deuxième cas, assurez-vous cependant de sa connaissance de la location meublée.

L'avantage principal de la LCD : sa rentabilité

Si vous vous demandez pourquoi tant d'investisseurs sont aujourd'hui intéressés par la location courte durée, la réponse tient en un mot : la rentabilité.

Il n'est pas rare en effet que la location courte durée offre une rentabilité brute* **de 15 ou 20 %** et représente la seule manière, dans certaines zones géographiques, de respecter la règle d'or de l'immobilier énoncée plus haut. Et ceci sans risque grave d'impayés.

C'est d'ailleurs la raison pour laquelle les locations touristiques de courte durée ont envahi les centres-villes de Paris, Bordeaux ou Lyon, accentuant la pénurie en logements locatifs de longue durée et amenant la plupart de ces villes à légiférer contre la création de nouvelles LCD : avec un prix au mètre carré de 8 000 à 10 000 euros, seule la location saisonnière – et la location commerciale (voir plus loin) – peut encore permettre à l'investisseur de couvrir son crédit et ses frais.

Ces villes où la location courte durée est limitée

Dans les villes citées ci-dessous, la location courte durée est davantage soumise à la législation qu'ailleurs. Ces villes sont en effet vigilantes concernant l'usage des locaux exploités en courte durée.

Fiscalement parlant, la location courte durée est une activité commerciale qui **ne peut pas** être exercée dans un bien dont l'usage est l'habitation : un appartement ou une maison.

Pour passer outre à cette interdiction, il vous faudra demander un **changement d'usage** auprès de la mairie de la commune où est situé votre bien. Ce que les mairies des communes citées ci-dessous ne vous accorderont qu'une fois (à Nantes, par exemple) ou pas du tout (à Paris...), sauf compensation consistant à transformer en parallèle et dans le même quartier un local commercial en habitation !

Quelles sont les villes concernées ?

- Les villes de plus de 200 000 habitants : Marseille, Lyon, Toulouse, Nice, Nantes, Strasbourg, Montpellier, Bordeaux, Lille, Rennes.
- Les villes de la petite couronne parisienne : départements des Hauts-de-Seine, de Seine-Saint-Denis et du Val-de-Marne.
- Les communes de plus de 50 000 habitants comportant des zones dites « tendues » (fort déséquilibre entre l'offre et la demande de logements).

La liste de ces villes est fixée par le décret du 10 mai 2013.

Néanmoins, cette rentabilité n'est pas tout à fait sans contraintes. C'est ce que nous allons explorer maintenant.

Les contraintes de la location courte durée

Plus de *turnover*, plus de gestion

Plus la durée d'une location sera courte, plus sa gestion représentera du travail.

On peut aisément gérer une location longue durée ou même une colocation. En période d'exploitation, votre travail consiste principalement à trouver des locataires : vous aurez donc à vous mobiliser entre une ou deux fois par an et une fois tous les 4 ans (durée moyenne d'occupation d'un logement en France).

Cela demande peu de temps. En revanche, dans le cas de la location courte durée, la gestion est démultipliée :

- pour trouver des locataires, il vous faudra poster des annonces, tenir des calendriers à jour, vous ajuster en permanence au marché… changer vos tarifs, rafraîchir vos annonces, répondre aux demandes, renseigner les potentiels locataires ;
- pour pouvoir louer, vous devrez également vous assurer de la mise à disposition du logement après nettoyage et remise en ordre entre chaque location.

Plus les locations se feront pour une période courte, plus la gestion de la location courte durée sera intensive. Dans les studios de centre-ville loués à la nuit, l'équipe d'entretien passe tous les jours.

Selon que vous serez de l'ancienne ou la nouvelle école, vous aurez à cœur d'accueillir ou de faire accueillir vos locataires, soit une présence nécessaire à chaque arrivée… voire à chaque départ.

Tout ceci pourra être réalisé par vous-même – ou sous-traité à un gestionnaire ou à une conciergerie.

Débat : faire appel à une conciergerie ?

On peut considérer la location courte durée de deux façons :

- comme une activité secondaire dont on va assumer soi-même la gestion (réponse aux annonces, ménage, accueil des locataires...) parce qu'on privilégie avant tout la rentabilité ou qu'on a envie de communiquer avec des touristes du monde entier. Cela demandera donc un peu de temps pour l'accueil et le ménage. Et un peu de savoir-faire pour poster et gérer ses annonces de manière que le logement en LCD ait le meilleur taux de remplissage possible ;
- comme un investissement dont on ne veut pas avoir à se préoccuper ; ou dont on ne peut pas s'occuper s'il est trop loin de chez soi !

Dans ce deuxième cas, un intermédiaire, que l'on appellera gestionnaire ou conciergerie, sera nécessaire. Vous lui confierez toutes ou une partie des tâches afférentes à une LCD :

- rédiger et mettre en ligne les annonces (à faire une fois... vous pourriez tout aussi bien vous en occuper) ;
- tenir à jour les plannings et répondre aux demandes de location ;
- préparer le logement (ménage et éventuellement lits) ;
- accueillir les locataires (dans certains cas, une « boîte à code » fait aussi bien l'affaire) ;
- être présent lors du départ des locataires pour l'état des lieux de sortie (en réalité tout à fait inutile... vous gérerez tout aussi bien la casse éventuelle après le départ des locataires) ;
- pendant le séjour des locataires : répondre aux demandes et surtout, faire face aux imprévus (chauffe-eau en panne, courant qui saute...).

Pour ma part, je ne gère pas mes biens seule : je fais appel à des gestionnaires de gîtes (un pour chaque bien car la distance géographique entre le gestionnaire et le bien est gage de succès !). Que j'ai recrutés moi-même (annonce sur leboncoin ou bouche-à-oreille) pour éviter de payer trop cher un intermédiaire et parce que je veux savoir à qui j'ai affaire. Mes gestionnaires s'occupent de l'entretien des gîtes eux-mêmes – ou sous-traitent à des personnes qu'ils ont recrutées et dont ils sont responsables, afin d'éviter la sous-traitance de la sous-traitance.

Ils sont rémunérés de deux manières :

- un forfait pour l'entretien des gîtes et l'accueil des locataires en fonction du nombre d'heures estimé pour le ménage + l'accueil ;
- un pourcentage sur le chiffre d'affaires du gîte qu'ils gèrent (puisque ce sont eux qui répondent aux demandes, renseignent les visiteurs… donc remplissent mon calendrier).

Vous n'êtes bien sûr pas obligé de faire la même chose… Ceci constitue un point de repère pour ceux qui seraient prêts à se lancer.

Exemple de tarifs pour la rémunération d'un gestionnaire de LCD

Forfait ménage : compter 1 heure pour un studio et jusqu'à 4 à 5 heures pour une grande maison, que vous rémunérerez aux alentours de 13-15 euros si vous utilisez des chèques emploi service ; aux alentours de 20 euros si vous employez un indépendant qui vous adressera des factures.

Lits faits : compter 4 à 5 lits faits par heure.

Commission sur le chiffre d'affaires (si la personne s'occupe de remplir le calendrier) : 10 à 15 % reste raisonnable pour des petites surfaces… ; dégressive jusqu'à 7 ou 8 % pour des grandes surfaces.

Ces chiffres indicatifs permettent une juste rémunération du propriétaire du bien (vous) et de l'intermédiaire chargé de la gestion. Mais une chose est claire : plus il y a de sous-traitance, moins il y a de rentabilité ! À taux de remplissage équivalent, bien sûr. (Une conciergerie vous permettra peut-être de louer plus que vous ne le feriez vous-même !)

La rentabilité brute n'est pas la rentabilité nette

De manière à parler tous le même langage, nous considérerons que la rentabilité brute correspond à la rentabilité du bien hors frais de gestion et de ménage.

La rentabilité nette prendra en compte, quant à elle, l'ensemble des charges d'exploitation du bien en courte durée, quelle que soit leur nature :

- taxe foncière ;
- CFE (cotisation foncière des entreprises) dont vous êtes redevable ;
- eau, chauffage et électricité ;
- assurance (plus chère que l'assurance PNO, en particulier si vous avez assuré votre perte d'exploitation) ;
- entretien et gestion ;
- blanchisserie ;
- annonces ;
- remplacement du petit équipement.

Ces frais sont plus importants et plus nombreux que pour toute autre forme de location. Il est donc important d'en faire le tour de manière la plus exhaustive possible avant de se lancer – et de savoir compter !

Calculer la rentabilité de la location courte durée

Il n'est pas rare qu'une location courte durée affiche **une rentabilité brute comprise entre 15 % et 20 %**. Cela correspondra peu ou prou à votre rentabilité nette si vous faites vous-même l'entretien du bien et gérez vous-même vos annonces.

Mais la rentabilité nette sera très différente à partir du moment où vous prendrez quelqu'un pour faire le ménage ou si vous confiez la gestion à un tiers.

Nous avons préparé pour vous une page de calcul qui vous permettra d'évaluer rapidement la rentabilité de votre location courte durée. Celle-ci figure en annexe 5 de ce livre mais vous la retrouverez également avec le lien suivant : https://nathaliecariou.com/calculs, si vous souhaitez l'utiliser pour faire vos calculs en direct.

Les risques de dégradation du logement

Bien que des histoires terrifiantes s'affichent régulièrement à la Une des journaux ou des réseaux sociaux sur des propriétaires ayant retrouvé leur bien dévasté à la suite d'une location « Airbnb », ce n'est pas tout à fait la réalité de la location saisonnière.

Certes, des risques de dégradation existent : vaisselle cassée, couverts disparus, matelas ou canapés tachés, meubles abîmés… mais rares sont les dommages irréparables. Nous pourrions conclure qu'en louant quelques jours à peine votre bien, vos locataires, quels qu'ils soient, auront beaucoup moins de temps à disposition pour dégrader l'ensemble, que des locataires à qui vous aurez loué en toute bonne conscience pendant 3 ou 5 ans.

Plus que des dégradations, vous aurez peut-être des surprises du côté du ménage. Vos locataires seront plus ou moins propres et respectueux. C'est le jeu de la location courte durée… et la rançon de sa forte rentabilité.

L'avenir de la location courte durée

La location courte durée a été mise à rude épreuve lors des confinements de 2020 et 2021. Certains observateurs ont même parié, de manière un peu prématurée, sur sa disparition.

D'une part, toutes les locations courte durée ne se sont pas arrêtées pendant les périodes de confinement : si les vacanciers et autres touristes ont effectivement momentanément « disparu », les professionnels ont continué à travailler, à circuler et à se loger. Certaines locations de centre-ville ont maintenu des taux de remplissage de 50 ou 60 %.

D'autre part, les confinements ne peuvent pas durer toujours. Heureusement. La vie reprenant ses droits, les Français ont toujours envie de partir en vacances ou en week-ends, les familles de se retrouver, les amis de passer de bons moments ensemble.

Les confinements et autres restrictions de circulation ont juste pointé du doigt ce que tout bon investisseur devrait prévoir : une réserve de sécurité en cas de revers passager.

Quel est donc l'avenir de la location courte durée ?

Une demande et une offre en hausse

Comme pour la colocation, la demande et l'offre en LCD sont toutes les deux en hausse. À titre d'exemple, entre 2011 et 2019, le nombre de logements en location courte durée à Paris est passé de 20 000 à 88 000[10].

Même s'il y a fort à parier que l'offre en logements loués en courte durée se tasse un peu dans les années qui viennent, la hausse de la demande devrait soutenir ce type d'investissement à haut rendement. Le tourisme international, fer de lance de la LCD, sera probablement ralenti suite à l'épidémie de coronavirus. Mais si les touristes étrangers ont moins l'occasion de venir en vacances en France, les Français devraient, par symétrie, être moins tentés par des vacances à l'étranger – et plus intéressés à redécouvrir les merveilles touristiques françaises.

Et je rappelle que les touristes ne sont pas la seule population intéressée par la LCD… Les professionnels continueront à se déplacer ; les malades seront toujours accompagnés de leurs proches qui auront besoin de se loger pour de courts séjours ; les sportifs voudront assister aux Jeux olympiques ou autres compétitions importantes.

Vers un tassement des prix ?

La forte rentabilité de la LCD a conduit à la multiplication des offres au cours des dernières années.

Dans certaines villes, l'offre est aujourd'hui supérieure à la demande. Avec un calendrier plus difficile à remplir, les loueurs LCD ont donc tout

10. Étude de l'Institut Paris Région, publiée le 27 mai 2021.

naturellement commencé à baisser leurs tarifs (réflexe humain lorsque les ventes se font plus rares !). Par exemple, un studio en plein centre-ville de Tours, qui se louait encore 45 euros la nuit (hors frais de ménage) en 2019, se loue maintenant 37 euros la nuit en moyenne.

Comptons donc dans les années qui viennent sur un tassement des prix des locations courte durée… et sur une montée en gamme des biens proposés à la location.

Toujours plus de qualité

Autre réflexe (salutaire !) quand le calendrier peine à se remplir : offrir des prestations plus haut de gamme. C'est l'un des mouvements que l'on observe actuellement sur le marché de la location courte durée : l'aménagement des lieux est de plus en plus haut de gamme ; le service proposé de plus en plus professionnel.

Certains biens en courte durée égalent voire surpassent l'équipement et le service offerts par l'hôtellerie traditionnelle, assez loin du logement meublé à la va-vite avec les meubles hérités d'une tante au 3e degré.

D'ailleurs, selon Airbnb, tenu de communiquer un maximum de données au moment de son introduction en Bourse en décembre 2020, 21 % de ses hôtes avaient plusieurs biens à louer sur la plateforme Airbnb. Ce ne sont donc plus des particuliers louant à l'occasion une chambre de leur résidence principale mais bien des « professionnels » de la location courte durée qui constituent désormais la majorité des annonces.

La tendance à « plus de qualité » devrait se poursuivre dans les années à venir.

Vers un marché de niches et d'expériences

La LCD est un marché qui arrive à maturité, avec davantage d'offres, des professionnels qui « tirent le marché vers le haut », des clients également plus exigeants.

Quand le cœur d'un marché commence à saturer, il est judicieux de chercher à se différencier. Il peut donc être sage, si vous souhaitez investir en location courte durée, de choisir un positionnement qui vous différenciera du gros de la demande : appartement stratégiquement situé auprès d'un hôpital ou d'un centre fortement attractif (château de Versailles, Zoo de Beauval…) ; grande maison pour recevoir des familles ou des cousinades ; appartement à thème ou habitat insolite pour offrir à vos locataires un dépaysement total.

L'un de mes amis, décorateur, propose un logement avec table et chaises collées au plafond. Expérience renversante… et ses tarifs sont deux à trois fois ceux d'un logement de taille similaire mais banal dans le même secteur.

L'éclairage de l'expert

Kader Khechana, créateur du blog « Liberté Immobilier Prospérité »

Démarrer dans la location courte durée puis automatiser

Cela fait plus de 25 ans que je travaille dans l'industrie du tourisme. J'ai dirigé des établissements touristiques classés de plus de 350 lits, avec des prestations de restauration, des clubs enfants, des infrastructures soumises à des réglementations précises : bar, piscine, etc.

C'est donc tout naturellement que je me suis tourné vers la location touristique, qui me permettait d'exploiter mon savoir-faire professionnel dans mes propres appartements, quand je me suis intéressé à l'immobilier d'investissement.

J'ai commencé par un studio dans la Région Sud, à La Ciotat. Le studio datait des années 1970 et était resté dans son jus. Je l'ai rafraîchi rapidement car nous étions en pleine saison, meublé en *home staging* pour faire des économies et équipé de vaisselle neuve.

Je n'avais jamais fait de location courte durée. J'avais en revanche l'expérience des catalogues de vente et j'avais déjà participé à des séances photos. J'ai donc rapidement eu la bonne idée de prendre des photos plus vendeuses que de simples photos immobilières sans âme, avec des mises en situation. J'ai préparé :

- un petit-déjeuner pour les photos de la cuisine ;
- un apéritif pour la table à manger située dans la pergola ;
- un ordinateur et des livres sur les tables de chevet ;
- des serviettes de bain et des savons dans la salle de bains.

Mais j'ai pris les photos avec une simple tablette !

J'ai créé mon annonce sur Airbnb en m'inspirant des annonces déjà existantes. J'ai proposé un petit prix pour tester et attirer rapidement mes premiers locataires. L'annonce a été mise en ligne. Au bout de 15 minutes une notification m'annonçait une réservation de quatre nuitées. Ce fut le début de mon aventure d'investisseur à haut rendement.

Si je partage avec vous cette expérience, c'est pour vous montrer que la location courte durée, ça marche. Sans avoir besoin de déployer de grands moyens.

La location courte durée me permet aujourd'hui de mettre ma famille à l'abri en dégageant des revenus supplémentaires et d'augmenter ainsi notre pouvoir d'achat.

Cependant, cela peut être chronophage ! C'est pourquoi j'ai développé certaines stratégies pour ne pas être esclave de mon business.

À l'ère du numérique, je vous conseille fortement d'opter pour :

- une synchronisation automatique des plannings de location avec l'aide d'un support appelé Channel Manager. Celui-ci vous évitera le surbooking, c'est-à-dire une nuitée réservée en double ;

- un terminal de paiement électronique (TPE) qui facilitera vos transactions : paiement par carte, empreinte de carte bancaire pour la caution.

Organisez-vous pour déléguer ou sous-traiter le ménage et la blanchisserie. Ces deux postes pèseront lourd sur vos charges d'exploitation si vous ne maîtrisez pas leur coût. Vous avez également la liberté de mettre en place un accueil physique ou un accueil autonome.

Il vous appartient d'élaborer un process adapté à vos possibilités :

- boîte à clés avec code ;
- serrure électronique ;
- accueil physique par un hôte.

Votre annonce devra être une vitrine qu'il ne faut pas négliger. Faites appel à un photographe professionnel qui saura mettre en valeur votre bien immobilier et sublimer sa décoration.

Pour aller plus loin

Je pourrais encore parler longtemps des différents thèmes liés à la LCD : la fiscalité, le marketing, la politique de prix, l'expérience client, etc. Si cela vous intéresse, je vous invite à télécharger la formation gratuite que vous trouverez sur mon site Internet – https://liberte-immobilier-prosperite.fr/

Acheter un immeuble

Je serais curieuse de savoir quelle image vous vient spontanément à l'esprit lorsque je vous parle d'« immeuble » :

- un immeuble de briques rouges de 3 ou 4 étages tel qu'on en voit dans le nord de la France ?
- un immeuble de 6 étages avec ascenseur principal pour les 5 premiers étages et escalier de service pour desservir les « chambres de bonne du 6e », le standard des immeubles haussmanniens parisiens ?
- une tour de La Défense ?
- une barre d'immeuble des années 1960, aux balcons nombreux et standardisés ?

Car il y a immeuble et immeuble ! Dès qu'un ensemble immobilier compte plusieurs lots (plusieurs appartements ou plusieurs surfaces de bureaux), il a droit à l'appellation d'immeuble. Et même d'immeuble de rapport s'il s'agit d'un habitat collectif sans copropriété détenu par un seul propriétaire.

En achetant un immeuble de rapport (IDR), vous êtes chez vous, avec ce que cela présente d'avantages et d'inconvénients :

- en l'absence d'autres copropriétaires, la gestion du bien est très largement facilitée ;
- mais si le toit demande réparation, vous serez le seul à en payer les frais !

L'origine de l'immeuble de rapport

L'immeuble de rapport se développe particulièrement à partir du XIXe siècle. Il est également appelé hôtel de rapport, maison de rapport ou immeuble à loyer.

Il tient son appellation de ce qu'il est conçu pour rapporter à son propriétaire les loyers des occupants des logements de l'immeuble, dont la répartition par étage est standardisée :

- au rez-de-chaussée, vous trouverez traditionnellement un commerce s'il est sur une rue commerçante, une loge de gardien s'il est sur une rue résidentielle ;
- le premier étage est en entresol (en principe plus bas de plafond) ;
- le deuxième étage bénéficie de la hauteur sous plafond la plus importante et généralement d'un grand balcon : c'est l'étage le plus noble, historiquement habité par les plus riches ;
- les troisième et quatrième étages sont identiques entre eux ;
- le cinquième étage est en retrait sur la rue. Cela lui offrait la possibilité d'avoir lui aussi un balcon qui lui donnait l'allure d'un étage noble mais surtout compensait ses défauts : la pénibilité de l'accès à l'époque où il n'y avait pas d'ascenseur ; la proximité avec les chambres du 6e étage ;

l'excès de chaleur ou de froid selon les saisons. Des inconvénients maintenant disparus grâce à la magie de l'ascenseur et de la réhabilitation des chambres de services du 6e qui n'abritent plus, depuis longtemps, de « bonnes » ;

- le sixième étage est souvent le dernier, sous les toits, plus bas de plafond et très soupenté, uniquement accessible par l'escalier de service. Il accueillait historiquement les chambres réservées au personnel.

Il existe aujourd'hui des immeubles de toutes tailles : ainsi certaines maisons de maître sont devenues des « immeubles de rapport » de 2 ou 3 appartements ; des biens immobiliers des années 1970 ou 1980 de 2 étages avec commerce au rez-de-chaussée et appartements dans les étages ont également droit à la dénomination d'« immeubles de rapport ».

Quand il vous faudrait compter plusieurs millions d'euros pour un immeuble haussmannien classique à Paris, quelques centaines de milliers d'euros suffiront pour un immeuble plus modeste en province.

Voici quelques annonces d'immeubles de rapport, repérées ici et là.

Immeuble en pierre sur 3 niveaux : RDC : anciennement un bar-restaurant de 120 m² (possibilité autre commerce) ; 1er étage : 6 pièces, salle de bains, WC + petite pièce chaufferie ; 2e étage : appartement récent de 120 m² comprenant 4 chambres, WC, salle de bains avec baignoire et douche, salle à manger-cuisine de 40 m² + combles + cave chauffage central gaz. Dans bâtiment adjacent : dépendances sur 2 niveaux de 100 m² chacun (actuellement 3 garages) + petite cour entre les 2 bâtiments.

Prix : 220 000 euros

Immeuble à vendre comprenant un local commercial loué, deux studios lumineux refaits récemment et un appartement à rénover (sanitaires, électricité, sol, isolation). Toiture refaite en 2010. Le loyer annuel à prévoir (après travaux du dernier étage) est de 20 000 euros. Les appartements ont tous de grandes fenêtres conférant ainsi une superbe luminosité aux pièces à vivre. Parkings à proximité.

Prix : 198 000 euros

Immeuble de rapport composé au rez-de-chaussée d'un local commercial d'environ 100 m² avec réserves, bureau/chaufferie. Au 1er étage : spacieux appartement en duplex d'environ 165 m² habitables avec belle hauteur sous plafond, comprenant deux salons avec cheminée, une grande cuisine, une salle de bains, WC, accès grenier. Au 2e étage : palier ouvrant sur 3 chambres et une salle d'eau. Cour intérieure. Actuellement 2 lots, possibilité d'en créer un troisième.

Prix : 50 500 euros

Immeuble 5 pièces 90 m² : immeuble de caractère en pierre et colombages rénové en partie et situé au centre-ville composé de 3 lots. Au RDC : local commercial d'environ 21 m² à rénover ; au premier : studio à finir de rénover ; au second un T2 loué actuellement. Idéal investisseur.

Prix : 85 500 euros

Investisseur immeuble de rapport proche gare et centre-ville. Composé de 5 appartements dont 3 actuellement loués et 2 à rafraîchir (3 F3, 1 F2, 1 F4). Revenu annuel possible 26 220 €. Pas de gros travaux à prévoir, toiture bon état, isolation faite, menuiseries changées, assainissement ok, électricité bon état.

Prix : 335 000 euros

Les avantages d'un immeuble de rapport

Un investissement accessible et rentable

Il y a donc des immeubles de rapport pour toutes les bourses à partir de 100 000 euros (frais de notaire inclus) jusqu'à plusieurs millions d'euros. Pour le prix d'un petit appartement à Paris où le prix du mètre carré flirte avec les 10 000 euros, vous pourriez donc acquérir un immeuble en province.

Moins cher parce qu'en province mais également moins cher parce que vous achetez une surface supérieure : de la même manière que les tarifs d'un grossiste ne sont pas les mêmes que ceux d'un commerce de détail, le prix au mètre carré d'un immeuble est inférieur au prix d'un appartement. Vous achetez « en gros » au lieu d'acheter au détail.

La rentabilité nette en est donc plus importante. Vous pourriez viser **entre 8 et 12 %** avec un immeuble de rapport.

Il permet de mixer les modes d'exploitation

S'il sera parfois possible d'atteindre cette rentabilité avec des locations nues, il est fort probable que vous mixerez locations nues (habitation et commerce), locations meublées, voire locations courte durée pour un même immeuble.

C'est d'ailleurs l'un des avantages de l'immeuble de rapport :

- diversifier les modes d'exploitation d'un appartement à l'autre ;
- adapter ces modes d'exploitation au temps dont vous disposez ;
- s'essayer à la location commerciale (voir stratégie suivante) ;
- profiter des avantages fiscaux associés à la location nue et à la location meublée.

Un excellent rapport entre le temps investi et la rentabilité obtenue

L'immeuble offre donc une rentabilité très confortable qui le situe dans la famille de l'immobilier à haut rendement. Et cette rentabilité appréciable s'obtient au prix d'un investissement en temps très modéré.

En effet, pour un immeuble entièrement exploité en location nue, l'investissement en temps sera quasi inexistant. Sauf à retrouver un locataire au départ du précédent, vous n'aurez qu'à encaisser les loyers et déclarer vos revenus, une fois par an ! Rajoutez quand même un peu de temps pour régler des problèmes d'intendance : fuites d'eau, petites réparations, etc.

La charge de travail sera un peu plus conséquente en cas de location meublée longue durée, les locataires restant en moyenne un peu moins longtemps qu'en nu (2 ans en moyenne contre 4 ans en nu).

Et la location courte durée demandera encore plus de votre temps, sauf à sous-traiter le ménage et/ou la gestion.

Mais rien n'empêche de louer 3 appartements sur 4 en location longue durée et de garder le dernier en courte durée, pour booster votre rentabilité !

Pas de copropriété… peu de charges

En tant que propriétaire d'un immeuble de rapport, vous êtes la propriété à vous tout seul. Pas d'autres copropriétaires avec qui composer… et pas de charges de copropriété à payer.

Les charges associées à un immeuble de rapport sont donc extrêmement faibles :

- la taxe foncière, bien sûr ;
- l'assurance ;
- l'électricité des parties communes (une centaine d'euros par an) ;
- quelques menues réparations à prévoir.

Et c'est tout.

Le ménage des parties communes pourra être négocié avec vos locataires ; l'eau, l'électricité des différents appartements seront soit à la charge des locataires, soit comprises dans la provision pour charges qu'ils vous versent, soit prises en compte dans vos tarifs de location courte durée.

La possibilité de gérer à distance

Des locataires qui bougent peu, peu de gestion… L'immeuble de rapport fait partie de ces biens qui peuvent aisément être gérés à distance.

L'une de mes clientes, mère de famille et salariée à temps plein, s'est fait une spécialité d'investir dans des immeubles de rapport, partout en France. Ses immeubles se situent dans des petites villes au nom chantant mais pas toujours connu : Saint-André-d'Hébertot, Jouet-sur-l'Aubois,

Port-Sainte-Marie, Château-la-Vallière… situées à plusieurs centaines de kilomètres de chez elle.

En matière de distance, vous serez seul juge de la distance que vous acceptez, psychologiquement, entre vous et l'immeuble dans lequel vous voulez investir.

L'éclairage de l'expert

Xavier Prétérit, investisseur expert en immeubles de rapport

Je suis investisseur immobilier, auteur, conférencier et coach en investissement à haut rendement, propriétaire de plusieurs immeubles de rapport.

Je veux mettre ici l'accent sur deux points essentiels à valider avant d'investir dans un immeuble de rapport. L'un concerne la définition de votre profil d'investisseur ; l'autre, l'énergie que vous comptez allouer à la gestion de vos biens. Ces deux points auront un impact certain sur votre stratégie d'investissement.

Déterminez votre profil d'investisseur

Avant d'investir sur un ou plusieurs immeubles, vous devez savoir pourquoi vous le faites et quelle en sera la finalité. La définition au préalable des objectifs de votre démarche vous permettra d'adapter concrètement votre stratégie d'investissement. Cela vous aidera à déterminer combien de biens vous devrez acheter ; dans quelle zone géographique ; la typologie des immeubles que vous allez acheter ainsi que le rendement attendu pour parvenir à vos fins.

Je dirais qu'il existe quatre grands profils types d'investisseurs :

- les investisseurs en quête de revenus complémentaires : ils investissent pour avoir un peu plus chaque mois ;
- les rentiers, investisseurs en quête de liberté : aucun investissement ne devra impacter leur liberté de voyager ou de profiter de la vie ;
- les « silver investisseurs », en quête de revenus pour leurs vieux jours ;

- les investisseurs toupies, toujours prêts à sauter sur le dernier filon à la mode sans élaborer de stratégie.

Vous devez au préalable définir votre profil d'investisseur, car il s'agira de la ligne directrice de vos investissements : la première catégorie sera particulièrement attentive au cash-flow et mixera si besoin les types d'exploitation ; alors que la deuxième sera d'abord vigilante à la qualité de ses locataires – et ne fera que de la location longue durée. Les silver investisseurs accepteront un cash-flow réduit pendant toute la durée de remboursement de leur crédit mais seront attentifs à la qualité patrimoniale de leur bien. Quant aux investisseurs toupies... rendez-vous à la prochaine technique à la mode !

Déterminez votre capacité à assurer une bonne gestion locative

Je dirais que la gestion locative est le nerf de la guerre des immeubles de rapport car il ne suffit pas d'acheter des immeubles. Vous devez surtout apprendre à bien les gérer, à les optimiser et à les entretenir, sinon cela devient un casse-tête chinois et je suis on ne peut plus sérieux. Votre capacité à instaurer une bonne gestion locative impactera considérablement la rentabilité de l'immeuble et votre cash-flow.

Une bonne gestion locative s'observe par un immeuble qui tourne bien et qui a très peu de vacance locative. Vous pouvez choisir de gérer cela seul. Mais si vous êtes en quête d'indépendance financière, je ne pense pas que ce soit la meilleure des options, car vous serez amené à avoir plus d'un immeuble et je peux vous assurer qu'après les appels de deux ou trois locataires, on trouve cela tout de suite moins amusant.

Les alternatives à la gestion individuelle sont multiples :

- une agence immobilière ;
- un huissier de justice ;
- des gestionnaires locatifs privés ou liés aux logements sociaux ;
- le notaire...

La gestion locative est un métier. Vous ne devez pas sous-estimer le travail que cela demande. Si vous voulez faire de l'investissement de masse, vous allez devoir déléguer ce domaine à des personnes compétentes.

L'IMMOBILIER PROFESSIONNEL ET COMMERCIAL

Les particuliers ne sont pas les seuls à chercher à se loger. Les entreprises et les commerces sont également à la recherche de locaux pour y exercer leurs activités. Bienvenue dans l'univers des locaux commerciaux.

Nous pourrions répartir ceux-ci en 5 grandes catégories.

1. **Les boutiques, c'est-à-dire les locaux commerciaux disposant d'une vitrine sur rue**

Ils sont le plus souvent loués par des commerces (magasin de prêt-à-porter, petite ou moyenne surface alimentaire, magasin de cigarettes électroniques, opticien, agence de voyages...) mais avoir pignon sur rue peut également intéresser une agence immobilière, un cabinet d'architecte, une société de services à domicile...

En tant que propriétaire, vous louerez les murs d'une boutique à une entreprise qui y développera son fonds de commerce.

2. **Les bureaux pour les entreprises**

Sans vitrine, en rez-de-chaussée ou en étage, ils peuvent se situer au sein d'un immeuble entièrement dédié aux bureaux, occuper le rez-de-chaussée ou le premier étage d'un immeuble d'habitation ou constituer un lot à eux tout seuls.

Vous serez propriétaire du lot ou de l'immeuble, que vous louerez à des entreprises au travers d'un bail commercial 3-6-9.

Le bail commercial 3-6-9

Contrairement aux particuliers, qui peuvent mettre fin à une location à tout moment moyennant un délai de préavis de 1 mois (location meublée) ou de 3 mois (location nue), le bail commercial ne permet au locataire de partir qu'à date fixe : soit à la fin d'une période de 3 ans, 6 ans, ou 9 ans, avec une période de préavis généralement fixée à 6 mois.

> C'est donc un engagement sur une plus longue durée qui protège autant le bailleur (vous) que le locataire : en effet, en matière commerciale, le locataire prend le bien « en l'état » et s'acquitte seul des aménagements nécessaires à son activité – étagères pour une boutique, cloisonnement ou décloisonnement des bureaux pour une entreprise… Il est donc normal qu'il puisse s'assurer que le bail perdure suffisamment pour lui permettre d'amortir ses frais d'installation.

3. **Les bureaux collectifs**

La colocation et la location courte durée ont leur équivalent dans l'univers des entreprises. Vous en aurez entendu parler sous l'appellation de « bureaux partagés », « centre d'affaires », « centre de coworking » ou « salle de séminaire ».

Le principe d'un centre de bureaux partagés ou d'un centre de coworking est le même que pour une colocation de particuliers : chaque entreprise occupe un bureau (privatif ou non) avec mutualisation des espaces communs – cuisine, toilettes, espace détente, salle d'attente.

Une salle de séminaire se loue en courte durée, l'espace d'un événement, comme vous le feriez pour un gîte le temps d'une semaine ou d'un week-end.

4. **Les espaces professionnels**

À mi-chemin entre le commercial et le particulier, les professions libérales ont elles aussi besoin de locaux pour exercer. Elles pourront exercer dans un local professionnel (régi par un bail professionnel) ou dans un local commercial (avec bail 3-6-9).

Un local d'habitation que vous voudriez exploiter en local professionnel devra faire l'objet d'un changement de destination (avec demande de permis de construire ou déclaration préalable de travaux). Le changement de destination est intrinsèquement lié au bien et doit être autorisé par la mairie en conformité avec le code de l'urbanisme.

Dans certaines communes (plus de 200 000 habitants), il faudra également demander à la mairie l'autorisation d'en changer l'usage. Le changement d'usage est rattaché à la personne qui exerce en profession libérale, et non au bien.

Et dans tous les cas, une habitation ne pourra devenir local professionnel que si la copropriété le permet.

5. **Autres locaux commerciaux**

Rentrent également dans la catégorie des locaux commerciaux les entrepôts de stockage, les entrepôts logistiques, les hangars agricoles, les studios photos, les laveries automatiques, etc.

Comme pour l'habitation, vous n'aurez que l'embarras du choix de l'investissement qui vous convient le mieux.

Les avantages des locaux commerciaux

Satisfaire des besoins différents

Vous rencontrerez peut-être au cours de vos recherches immobilières certains biens peu appropriés à l'habitation : absence de salle de bains, pièces trop grandes ou trop petites, fenêtres donnant sur la rue…

S'ils ne peuvent être exploités en logement qu'au prix de transformations coûteuses, ils pourraient en revanche faire le bonheur d'un locataire professionnel (entreprise, profession libérale…) sans avoir beaucoup à faire.

Les normes sur les locaux commerciaux sont généralement beaucoup plus souples que celles sur les logements d'habitation. Une pièce inférieure à 9 m^2 ne pourra pas être louée en tant que chambre. Mais elle pourra l'être en tant que bureau !

Une rentabilité plus élevée

Les locaux commerciaux se louent plus cher que les locaux d'habitation. De plus, l'usage veut que l'ensemble des charges (les frais d'agence pour la mise en location mais aussi la taxe foncière qui devrait normalement être à votre charge) soit à la charge des locataires.

La rentabilité des locaux loués à des professionnels ou des entreprises ne peut donc qu'être supérieure à ce que vous obtiendriez en louant à des particuliers. C'est une excellente solution pour obtenir une rentabilité acceptable dans des localités où le prix au mètre carré dépasse les 5 000 euros et rend difficile une exploitation auprès de particuliers.

À condition néanmoins de vous assurer de la réalité de la demande : les immeubles des centres-villes des petites villes de province voient souvent leur rentabilité diminuer par la vacance de leurs boutiques de rez-de-chaussée. La désertification des centres-villes touche aussi les investisseurs immobiliers.

Ce n'est pas une raison suffisante pour dédaigner ce type de bien mais vous intégrerez dans le calcul de votre rentabilité les travaux nécessaires à la transformation de la boutique en cabinet médical ou en salon d'esthétique (par exemple).

De mon côté, je ne me suis intéressée aux investissements, véhicules essentiels pour atteindre la liberté financière, qu'après avoir fêté mes 40 ans. L'immobilier était un véhicule d'investissement qui me semblait adapté à ma situation : je n'avais encore jamais investi, n'avais donc aucun crédit à rembourser mais j'avais bien moins d'économies que nécessaire pour investir dans la perspective d'en faire une source de revenus. J'avais donc besoin de recourir au financement bancaire pour acheter.

Étant entrepreneuse, je savais pouvoir faire d'une pierre deux coups en investissant dans un espace de bureaux partagés où j'aurais mes propres bureaux. J'habitais à Paris à l'époque, où le prix du mètre carré flirtait avec les 8 500 euros.

J'ai donc construit mon projet autour d'un grand appartement facilement transformable en bureaux que j'ai trouvé dans le 9e arrondissement de Paris : 163 m² composés d'un double séjour salon-salle à manger, de 4 chambres, d'une cuisine, d'un WC indépendant, d'une salle de bains et d'une salle d'eau. Au premier étage d'un immeuble haussmannien. Avec un inconvénient intrinsèque aux appartements haussmanniens : une cuisine isolée au bout d'un long couloir. Pas parfait pour un logement… mais indifférent pour l'usage que je voulais en faire.

L'appartement a donc été transformé à peu de frais (cloison séparant le salon de la salle à manger ; salle d'eau transformée en deuxième WC ; salle de bains faisant usage d'espace de rangement) en espace professionnel constitué de 5 bureaux et d'une salle de réunion de 30 m². Les bureaux ont été loués chacun au mois de manière indépendante, dans l'esprit d'un centre de bureaux partagés. Et la salle de réunion louée à la journée pour des demandes extérieures.

Cela m'a permis de rentabiliser ce projet malgré un prix au mètre carré parisien élevé – et de couvrir mes mensualités de crédit. Cet investissement a définitivement réglé la question de ma retraite puisque je sais que je pourrai à ce moment-là louer, en plus des bureaux déjà loués, les bureaux que j'occupe actuellement et dégager un loyer conséquent. Le crédit d'ici là sera remboursé dans sa totalité.

L'achat d'un appartement parisien à 6 500 euros du mètre carré (le prix que j'ai payé) ne m'aurait pas du tout été possible sans avoir recours à la location professionnelle !

Un aménagement plus simple

L'aménagement de locaux commerciaux que vous souhaiteriez mettre en location vous demandera moins d'efforts que pour une habitation. Des locaux propres, bien éclairés et aux normes satisferont vos locataires. Les murs pourront être peints en blanc, le revêtement de sol en moquette ou en parquet flottant grand passage.

En contrepartie de locaux à remettre en état, selon la pression immobilière sur les locaux commerciaux là où vous investirez, vous pourrez octroyer à votre locataire une franchise de loyer de quelques mois à un an (pas si rare sur un marché concurrentiel, si le prix au mètre carré reste élevé et si les locaux demandent beaucoup de travaux de remise en état). Souvenez-vous que vous récupérerez les locaux au départ de votre locataire avec les travaux d'embellissement effectués – et que vous n'aurez pas vous-même à vous en occuper.

Les inconvénients des locaux commerciaux

Un marché spécifique

L'immobilier commercial est une niche, avec circuits d'accès spécifiques et différents de l'acquisition et la location de logements destinés à l'habitation.

Les sites d'annonces sont également spécifiques. Vous trouverez des annonces d'achat de murs et de fonds de commerce sur des sites spécialisés tels que murscommerciaux.com, bureaux-commerces.seloger.com, pointdevente.fr, mursdeboutique.com, capifrance.fr…

Quant à vos locataires, vous les trouverez auprès d'agences spécialisées dans la location professionnelle. La commission des agences les plus connues sur le marché (CBRE, Arthur Lloyd…) est traditionnellement fixe et à la charge du locataire. Mais vous pourrez également passer par l'intermédiaire de néo-agences (Urbidesk, Ubiq…) qui, à l'instar d'Airbnb pour la location courte durée, feront payer le bailleur à proportion du montant des loyers encaissés (8 à 12 %, limité à un an de loyer).

Des locataires entreprises

On ne s'adresse pas aux entreprises comme on s'adresse aux particuliers. Leurs besoins peuvent être différents ; leurs habitudes également. Vous prendrez soin de leur délivrer des factures ; elles souhaiteront parfois payer par trimestre et non au mois… Et si vous avez affaire à une grande entreprise, il vous faudra anticiper et adresser vos factures suffisamment à l'avance pour pallier les délais de traitement avant réception de votre loyer.

Je ne saurais trop vous conseiller de vous assurer que vous connaissez suffisamment le marché des professionnels ou des entreprises avant de vous lancer. Ce sera le cas si vous êtes vous-même profession libérale, ou avez une activité qui vous amène à commercer, déjà, avec les entreprises.

Cependant, je vous déconseillerais de vous lancer dans l'immobilier commercial à grande échelle – et encore plus dans un coworking ou la gestion d'un centre d'affaires – si votre culture vous a tenu éloigné jusqu'ici de l'entrepreneuriat et de l'entreprise.

L'importance de l'emplacement

Le choix de l'emplacement est plus important pour un local commercial que pour un bien d'habitation. Si un particulier peut s'accommoder d'un quartier moins chic ou moins central, le professionnel, lui, doit être vigilant :

- à s'implanter dans une zone fréquentée s'il est commerçant. C'est l'emplacement, en effet, qui fait le référencement d'un commerçant. Comme il ne peut pas bouger sa vitrine de place, il doit veiller à ce que sa boutique soit positionnée dans une rue marchande, à fort passage, dans un quartier central. Sous peine de fermer boutique. Pour vous, investisseur, quartier central signifiera un prix au mètre carré plus élevé, ce dont il faudra tenir compte au moment de l'achat ;
- au standing de ses bureaux s'il reçoit des clients. Certains quartiers « chauds » sont tout à fait inenvisageables pour qui reçoit de la clientèle (profession libérale, entrepreneur ou entreprise). En tant qu'investisseur, vous serez doublement vigilant à l'environnement si vous choisissez l'investissement commercial.

Un temps de mise en location parfois long

Les professionnels et les entreprises sont moins mobiles que les particuliers. Il se peut donc que vous ayez à attendre plusieurs mois avant de trouver une entreprise qui viendra prendre vos locaux en location.

Ceci est particulièrement vrai si vous visez les professions médicales, et souhaitez ouvrir un centre médical, par exemple (en réalité, vous vous contenterez de louer des cabinets médicaux à des médecins ! Pas besoin de vous reconvertir à la médecine !). Un médecin est un bon locataire, en cela qu'il restera facilement 10 ou 20 ans au même endroit. Mais encore faut-il qu'il soit en recherche d'un nouveau cabinet au moment où vous mettez votre bien en location. Une rencontre qui n'est pas toujours instantanée.

Vous prévoirez donc, par prudence, plusieurs mois de trésorerie pour voir venir, le temps que le bon locataire se présente.

L'éclairage de l'expert

Tiphaine et Geoffrey Warembourg, investisseurs et formateurs experts en locaux commerciaux

Les à-côtés sympathiques de l'immobilier commercial

Propriétaires de plus de 50 biens immobiliers dont 10 locaux commerciaux, nous sommes également multifranchisés locataires d'une dizaine de locaux commerciaux. Depuis 11 ans, ces expériences de chaque côté du bail commercial nous ont permis d'exceller dans l'investissement dans les baux commerciaux à haut rendement.

Au-delà des avantages déjà énumérés, les locaux commerciaux présentent deux spécificités financièrement très intéressantes : le pas-de-porte et les indemnités de déspécialisation.

Le pas-de-porte

Le pas-de-porte – ne pas confondre avec le droit au bail versé par un locataire entrant à un locataire sortant en cas de cession de bail en cours de route – est une somme d'argent potentiellement demandée par le propriétaire du local au futur locataire, en sus des loyers qui seront définis par le bail. Un droit d'entrée pour obtenir la mise à disposition des locaux.

À titre d'exemple, nous avons acheté en 2017 un local commercial vide d'occupation (une ancienne presse) et trouvé une pizzeria qui souhaitait le louer et s'y installer. Le pas-de-porte a été négocié entre nous et notre futur locataire à 50 000 euros. Qui s'est donc acquitté de cette somme pour avoir le droit de s'installer.

Pour l'anecdote, nous avons pu, grâce à ces 50 000 euros, rembourser une partie de notre crédit de manière anticipée et étaler le solde restant de notre emprunt sur 20 ans au lieu de 15 ans. Notre cash-flow, déjà sympathique avant cette opération (1 800 euros de loyer pour 1 200 euros d'emprunt, toutes les autres charges étant aux frais du locataire) a alors immédiatement augmenté à 1 050 euros mensuels, puisque nous n'avions plus que 750 euros d'emprunt – et toujours 1 800 euros de loyer.

Sans oublier que le loyer augmente chaque année selon d'ILC (indice des loyers commerciaux).

La clause de déspécialisation

En tant que propriétaires bailleurs, nous ne pouvons que vous encourager à recourir dès le départ à un bail notarié (même si vous passez par une agence, l'acte étant à la charge du preneur). En effet, un acte notarié étant un acte exécutoire, il vous fera gagner beaucoup de temps sur la procédure, si jamais vous aviez un défaut de paiement ou un autre problème avec votre locataire.

Dans l'acte notarié, vous pourrez également insérer une clause d'« indemnité de déspécialisation du bail ». C'est une somme qui sera versée au propriétaire bailleur si le bail est cédé à une activité différente que celle prévue initialement.

Il est donc important d'inscrire l'activité exacte de votre locataire dans le bail (ex. : coiffeur ou fleuriste) et non de rédiger un bail dit « tout commerce ». Grâce à cette clause de déspécialisation de bail, si votre locataire veut céder son bail (et non son fonds de commerce) à une activité différente de la sienne, vous toucherez en tant que propriétaire une indemnité de déspécialisation.

Pour résumer, si votre locataire donne son préavis, vous pouvez à nouveau toucher un pas-de-porte à la conclusion du nouveau bail commercial ; et si votre locataire cède son bail à une autre activité, vous pouvez toucher une indemnité de déspécialisation.

Et tout cela en plus des loyers !

Pour aller plus loin

https://mastery.business/p/investir-dans-les-locaux-commerciaux

Chapitre 6

Jouez la fiscalité

En tant qu'investisseur, la fiscalité est un sujet auquel vous ne pourrez pas échapper. Non seulement vous devez vous y intéresser mais vous devez également être conscient que plus vous maîtriserez les règles fiscales, plus vous serez à même de « jouer » avec, plus vos investissements deviendront rentables.

Il n'est nullement question ici d'être dans l'illégalité mais de savoir utiliser au mieux :

1. Les niches fiscales que le législateur a créées pour soutenir, notamment, la création de logements neufs (voir ci-après les programmes de défiscalisation).
2. Les avantages fiscaux liés à tel ou tel investissement : le déficit foncier pour la location nue ; l'amortissement pour la location meublée.

Choisir un programme de défiscalisation… ou pas

Comprendre le principe des programmes de défiscalisation

Tous les programmes de défiscalisation sont basés sur le même principe : en échange de votre investissement, et moyennant des contreparties, vous bénéficierez d'une réduction d'impôt*.

Dans le cas des défiscalisations immobilières, les contreparties sont :

- une mise en location du bien construit ou réhabilité pendant une période minimum (de 6 à 12 ans, en fonction du programme) ;
- avec parfois :
  - un plafonnement des loyers perçus,
  - des conditions quant aux ressources de vos futurs locataires,
  - des quartiers spécifiques dans lesquels investir.

En échange de quoi, vous pourrez réduire votre impôt d'un montant proportionné à l'investissement réalisé. C'est la manière qu'a l'État de vous remercier de participer, grâce à votre investissement, à la construction de logements neufs (ou à la réhabilitation de biens avec intérêt historique ou architectural ou en état d'insalubrité).

Les principaux programmes de défiscalisation

Pas question de vous dresser ici la liste exhaustive de tous les programmes de défiscalisation existant ou ayant existé. Ils portent le plus souvent le nom du député (François Scellier) ou du secrétaire d'État (Cécile Duflot) qui a porté le projet de loi donnant naissance au programme.

Voici les principaux programmes dont vous pourriez avoir entendu parler.

- Programmes de défiscalisation sur des logements neufs loués nus :
  - Robien ;
  - Borloo ;
  - Scellier ;
  - Duflot ;
  - Pinel.
- Programmes de défiscalisation sur des logements loués meublés :
  - Censi Bouvard.
- Programmes concernant l'ancien :
  - Malraux (pour des travaux sur un bien avec intérêt architectural ou historique) ;
  - Denormandie ancien (pour la réhabilitation de biens non décents) ;
  - Pinel.

La loi Pinel – reconduite au moins jusqu'en 2022

Achat d'un bien immobilier neuf ou en VEFA* (vente sur plan) dans une zone du territoire éligible au dispositif (zone A, A bis ou B, qui sont les zones dites « tendues »). Bien conforme aux normes énergétiques en vigueur, loué dans les 12 mois qui suivent son achèvement.

Mise en location du bien, à titre de **résidence principale uniquement**, pour une durée de 6 ou 9 ans, prolongeable jusqu'à 12 ans.

Les loyers et les ressources des locataires sont plafonnés.

Les ascendants et les descendants directs sont reconnus comme locataires donnant droit aux avantages d'un programme de défiscalisation Pinel. Vous pourriez donc profiter de ce dispositif pour héberger vos enfants étudiants, par exemple.

Le montant de l'avantage fiscal en loi Pinel dépend de la durée de location :

- 12 % de réduction d'impôt pour une mise en location de 6 ans ;
- 18 % de réduction d'impôt pour une mise en location de 9 ans ;
- 21 % de réduction d'impôt pour une mise en location de 12 ans.

Mais le montant de la défiscalisation est plafonné ! Elle ne s'applique pas sur la partie de votre investissement supérieure à 300 000 euros ou pour laquelle le prix au mètre carré dépasse 5 500 euros.

Voici l'exemple d'un bien de 115 m² acheté 400 000 euros (prix au mètre carré : 3 478 euros), loué pour 9 ans : la défiscalisation maximale sera de 18 % × 300 000 = 54 000 euros. Soit 6 000 euros par an (chaque année, sur les 9 années suivantes) de réduction d'impôt (déductibles des 10 000 euros d'avantages fiscaux accordés par l'administration fiscale par foyer et par an).

Avantages et dangers des programmes de défiscalisation

Votre emprunt est partiellement remboursé avec vos impôts

Le principal avantage des programmes de défiscalisation est celui de l'avantage fiscal.

Vous achetez un bien dont vous allez payer le crédit grâce :

- aux loyers versés par votre locataire (la mise en location est l'une des conditions nécessaires pour avoir droit à une défiscalisation) ;
- à votre réduction d'impôt : pour être tout à fait clair, vous rembourserez une partie de votre crédit avec l'argent que vous auriez normalement versé aux impôts. Bien sûr, ceci ne vaut pas si le montant de votre impôt sur le revenu est amené à évoluer **en dessous du montant de la réduction fiscale**, auquel cas, vous rembourserez l'emprunt sans bénéfice fiscal ;
- à une épargne forcée de quelques centaines d'euros par mois.

Dans la mesure où vous payez beaucoup d'impôts que vous souhaitez pour partie optimiser, les programmes de défiscalisation restent donc une bonne alternative.

Un investissement dépendant de votre activité professionnelle

C'est l'une des raisons pour lesquels les programmes de défiscalisation sont mal vus des investisseurs chevronnés : ils dépendent de votre activité professionnelle. Ce ne sont pas des investissements autonomes qui pourront s'autofinancer et continuer à vous rapporter de l'argent, quelle que soit votre situation professionnelle.

Ceci à deux égards :

1. Comme je l'ai mentionné précédemment, un programme de défiscalisation donne droit à une réduction d'impôt, qui viendra « en déduction » de ce que vous versez à la banque pour rembourser votre crédit. Pour être précis, votre échéance mensuelle de crédit est inchangée que vous ayez ou non une défiscalisation. Mais vous payerez moins d'impôts. Sauf si votre revenu professionnel – et par conséquent votre imposition – vient à baisser : la réduction d'impôt ne donnant droit à aucun remboursement, votre réduction d'impôt est *de facto* limitée au montant de votre impôt !
2. D'autre part, le financement du bien, dans le cadre d'un programme de défiscalisation, suppose le plus souvent que vous ajoutiez quelques euros de votre proche chaque mois pour payer le crédit. Autrement dit, un achat d'appartement dans le cadre d'un programme de défiscalisation ne respecte pas la règle d'or établie précédemment ! Les entrées sont insuffisantes pour couvrir les sorties. L'achat est donc totalement tributaire du fait que vous puissiez, tous les mois, ajouter quelques centaines d'euros pris sur vos revenus.

Attention au prix d'achat

Les programmes de défiscalisation sont généralement proposés par des promoteurs institutionnels. Le prix du bien intègre entre autres la rémunération de leurs équipes de commercialisation, et la TVA à 20 % sur les logements neufs.

C'est pourquoi il n'est pas rare de voir des prix de commercialisation pour ce type de bien au-dessus du prix du marché. Même si le logement a l'avantage d'être construit aux dernières normes d'isolation – moins de coûts de chauffage pour les locataires ; pas de problème de remise aux normes pour vous –, le surcoût est parfois difficilement justifiable.

Vous serez donc attentif, en choisissant un appartement avec défiscalisation, au prix auquel vous l'achetez.

Le risque de vacances locatives ou de revente difficile

Vous vérifierez avant achat où se situe le bien ! Vous achetez un bien le plus souvent vendu en état futur d'achèvement (VEFA), qui appartient à un « programme » incluant plusieurs biens du même type. Vous ne serez donc pas le seul acheteur – ni le seul vendeur si l'idée de revendre le bien vous prend, à la fin de votre programme de défiscalisation, soit dans 9 ou 12 ans, en même temps que tous les autres propriétaires.

Il est donc important de vérifier soigneusement où se situe votre bien :

- pendant toute la durée de vie de la défiscalisation, vous devrez vous assurer des revenus locatifs. Il faut donc que le bien soit construit dans une zone où il répond à une vraie demande ;
- en cas de revente, vous voulez être sûr de trouver des acquéreurs… ce qui sera facilité par la bonne situation géographique du bien.

Trop d'acheteurs oublient quand ils achètent un bien inclus dans un programme de défiscalisation de vérifier précisément dans quel environnement se situe l'appartement ou la maison qu'ils achètent ; si la zone géographique est en effet en tension locative ; si l'appartement est compétitif par rapport au prix du marché.

Même si votre objectif est d'abord et surtout de réduire votre impôt, vous entrez aussi sur le marché de l'immobilier – et devez garder le regard de l'investisseur.

Profiter du déficit foncier de la location nue

Louer un bien vide, ce que l'on appelle la location nue, revient à générer des revenus que vous intégrerez dans votre déclaration d'impôts en tant que « revenus fonciers ». **C'est une catégorie de revenus très fiscalisée.**

Peu de charges déductibles

Votre bénéfice foncier* est calculé, comme tout bénéfice, en déduisant les charges déductibles des loyers perçus.

Bénéfice foncier = loyers – charges déductibles

Le montant de votre bénéfice dépendra donc du montant des loyers perçus mais aussi et surtout du montant des charges déductibles. Or, en location nue, les charges déductibles sont moins nombreuses qu'en location meublée.

Vous pourrez déduire :

- les frais de gestion et de garde (les frais de l'agence chargée de la gestion, les frais de gardiennage) ;
- 20 euros par an et par logement pour tous les autres frais de gestion : annonces, frais de correspondance, téléphone, achat de modèles de contrat… ;
- les dépenses d'entretien, de réparation et d'amélioration (mais pas les dépenses de construction, de reconstruction ou d'agrandissement !) ;
- les charges de copropriété ;
- les primes d'assurances (assurance du bien et assurance loyers impayés) ;
- les impôts et taxes (la taxe foncière entre autres) ;
- les intérêts et les frais d'emprunt (frais de dossier et constitution d'hypothèque).

Les frais d'agence et les autres frais de notaire ne sont pas déductibles. Les travaux de reconstruction ou d'agrandissement ne peuvent pas être pris en compte. Les frais de gestion se résument à 20 euros par bien et par mois.

Un bénéfice foncier (sur de la location nue) sera donc mécaniquement supérieur, à chiffre d'affaires égal, au bénéfice d'un bien loué meublé. Même si, en principe, un bien est loué un peu plus cher en meublé qu'en nu.

Un bénéfice foncier fortement imposé

Le bénéfice est imposé à la fois à la CSG-CRDS (17,2 % à l'heure où ce livre est publié) et à l'impôt sur les bénéfices – à votre tranche marginale d'imposition.

En imaginant que votre tranche marginale d'imposition (TMI)* soit de 11 % (revenu de votre foyer compris entre 10 085 et 25 710 euros par part fiscale), votre impôt foncier sera donc de 17,2 % + 11 %, **soit 28,2 %** ; et de **47,2 % si votre TMI est de 30 %** (revenu de votre foyer : 25 711 à 73 516 euros par part fiscale).

Un régime forfaitaire peu avantageux

Pour pouvoir déduire de vos loyers perçus les charges citées précédemment, vous devrez opter pour un régime de déclaration dite « au réel » : vous déduisez des loyers perçus ce que vous avez réellement payé.

Mais il se peut que vous ayez très peu de charges à déduire. Vous pouvez alors opter pour un régime forfaitaire, plus simple mais pas toujours plus économique. Pour qu'il soit intéressant, il faut que le montant de vos charges déductibles soit particulièrement faible (plus de crédit, pas de travaux, pas de frais de gestion…).

En effet, le régime forfaitaire sur les revenus fonciers, appelé micro-foncier*, vous autorise à déduire forfaitairement 30 % de vos revenus pour obtenir votre recette nette (celle sur laquelle vous serez fiscalisé).

Condition supplémentaire pour en bénéficier : vos revenus fonciers bruts ne devront pas dépasser 15 000 euros par an.

Le déficit foncier

Pour « échapper » à cette fiscalité peu avantageuse, et faire de la location nue un avantage fiscal, une option s'offre à vous : celle du déficit foncier.

En effet, si votre bénéfice foncier est fortement fiscalisé, le législateur vous offre la possibilité de **déduire votre déficit foncier de l'ensemble de vos revenus imposables**.

Et réduire en conséquence le montant de votre impôt global.

Règles fiscales concernant le déficit foncier

L'imputation du déficit foncier sur votre revenu global est limitée à 10 700 euros, l'année de création du déficit uniquement.

Il ne peut pas être créé avec les intérêts d'emprunt... uniquement avec les autres charges déductibles (assurances, travaux, charges de copropriété, frais de gestion, taxe foncière...).

Si votre déficit foncier est plus élevé que 10 700 euros, vous pourrez le déduire de vos revenus fonciers, au même titre que les intérêts d'emprunt, sur les 10 années suivantes.

Vos revenus fonciers seront alors ramenés à zéro (mais jamais négatifs).

Qui veut louer en nu et optimiser sa fiscalité optera donc pour un bien à rénover avec travaux qui créeront un déficit foncier pour 1 à 10 ans, selon le montant des travaux réalisés.

Exploiter en LMNP

La location meublée est fiscalement le statut immobilier le plus avantageux.

Les charges déductibles

En location meublée, toutes les charges en lien avec l'exploitation ou à l'acquisition du bien sont déductibles :

- les frais d'acquisition, frais de notaire ou frais d'agence, frais de dossier et d'hypothèque ;
- les dépenses de travaux, quelle que soit leur nature ;
- l'achat de mobilier, de produits d'entretien, d'éléments de décoration ;
- toutes les charges liées à l'exploitation du bien : annonces, frais téléphoniques, indemnités kilométriques (pour aller visiter les biens), comptable, conciergerie, etc. ;
- les produits ménagers si vous êtes en location courte durée ;
- les intérêts d'emprunt.

En plus des charges, les amortissements

Mais le vrai « plus » de la location meublée, c'est la déduction des amortissements.

Qu'est-ce qu'un amortissement ? Le fisc (et les comptables !) font la distinction entre deux types de charges :

- les dépenses ou charges courantes qui sont déduites entièrement et immédiatement de votre revenu. Exemple : les produits ménagers pour le nettoyage, les petits équipements qui se perdent ou se cassent, les frais d'agence, les assurances… ;

- les immobilisations dont le prix d'achat est réparti sur le temps car elles seront utilisées sur plusieurs années. Cela vaut pour le mobilier et les travaux mais aussi pour le bien lui-même, qui n'est pas périssable et devrait résister au temps !

Les immobilisations font l'objet d'amortissements. Au lieu d'être déduites d'un seul coup de vos revenus l'année de leur acquisition, le prix d'achat est divisé en 3, 7, 10 ou 30 parts (selon la durée de l'amortissement de l'immobilisation) et une part est déduite chaque année (pendant 3, 7, 10 ou 30 ans) de vos revenus (loyers encaissés).

Une immobilisation est donc un produit ou un service dont la durée de vie est plus longue qu'1 an.

Il est entendu que les pièces d'équipement supérieures à 600 euros seront par défaut considérées comme des immobilisations. Quant à celles de moins de 600 euros, cela dépendra de leur nature : même à moins de 600 euros, un canapé ou un réfrigérateur devront être amortis. Vous n'en changez pas tous les ans ! De même que les meubles qui équiperont votre bien pour la première fois.

En location meublée, vous pouvez déduire l'amortissement des loyers facturés à vos locataires (en plus des charges citées ci-dessus) :

- amortissement du bien lui-même (hors la part correspondante au terrain) ;
- amortissement des travaux ;
- amortissement des meubles et autres équipements.

Chaque élément sera amorti sur une durée qui lui est propre, cohérente avec sa durée de vie.

Dans le cas général d'un loueur en meublé non professionnel (LMNP), on peut amortir les biens sur des durées dites « d'usage ». Ces durées vont de 25 à 40 ans pour l'immobilier, de 10 à 20 ans pour les travaux et de 5 à 10 ans pour le mobilier.

Les terrains ne s'amortissent pas. On retirera donc du prix d'achat une quote-part correspondant au terrain (aucun bien immobilier ne flotte dans les nuages, même si vous achetez un appartement situé au 12e étage, une partie du prix d'achat correspond au terrain). Cette quote-part est traditionnellement estimée entre 15 et 30 % du prix d'achat, en fonction de la pression immobilière de la zone dans laquelle vous investissez (15 % en province ; 30 % à Paris).

Vous noterez qu'il n'existe pas de durée d'amortissement « officielle » par type de travaux ou de matériel. Il s'agit d'une tolérance fiscale, en fonction de la durée de vie logique de tel ou tel élément.

Par exemple, un meuble, en location meublée, peut durer de 5 à 10 ans, donc être amorti sur 5 à 10 ans (moins en LCD, plus en location meublée classique). Des travaux d'électricité peuvent durer de 10 à 20 ans.

Calculer le montant de votre amortissement

Le montant de l'amortissement est égal à :

Valeur du bien / Durée d'amortissement

Pour calculer le montant d'un amortissement annuel sur 25 ans, il suffit de diviser le montant du bien par 25. Cela fera donc 8 000 € à déduire de vos revenus annuellement, en plus de vos charges annuelles. On amortit les frais de notaire de la même manière que l'immobilier.

Pour du mobilier d'une valeur de 5 000 €, l'amortissement annuel sur 5 ans sera de 1 000 €.

Retenez bien cependant que plus la durée d'amortissement est courte, plus vous êtes gagnant (puisque vous annulez votre imposition). Plus la durée d'amortissement est longue, plus c'est le fisc qui gagne, puisque vous déduisez moins et payez potentiellement des impôts.

Un juste équilibre à trouver, donc !

Voici un tableau indicatif des durées d'amortissement couramment considérées par le fisc.

Durées d'amortissement tolérées par le fisc

Élément amorti	Durée de l'amortissement
Immeuble (hors terrain)	25 à 40 ans
Gros œuvre (maçonnerie)	20 à 25 ans
Électricité	10 à 20 ans
Plomberie	10 à 20 ans
Peinture/papier peint	7 à 10 ans
Parquet/revêtement de sol	7 à 15 ans
Carrelage	15 à 20 ans
Cuisine	7 à 10 ans
Mobilier	5 à 10 ans
Électroménager	5 à 7 ans
Matériel informatique	3 à 5 ans

Dernier détail : vous pourriez calculer vos amortissements tout seul. Et déclarer vos revenus de loueur meublé non professionnel sans l'aide de personne. Mais un comptable (déductible des charges) vous y aidera si vous ne vous sentez pas suffisamment à l'aise pour tenir seul votre comptabilité.

Règles fiscales concernant la location meublée

Les revenus d'une LMNP sont des revenus industriels et commerciaux (BIC issus d'une LMNP).

Il n'y a pas de déficit imputable sur l'ensemble de vos revenus en LMNP.

Si votre résultat net (loyers – charges – amortissement) est négatif, vos revenus issus de la location meublée seront alors ramenés à 0.

Le solde sera reporté sur les années suivantes : pendant 10 ans pour la partie produite par vos charges courantes et les intérêts d'emprunt ; indéfiniment pour la partie « amortissements ».

Grâce à cette fiscalité avantageuse, il n'est pas rare d'être exonéré d'impôt sur les revenus de la location meublée pendant une dizaine d'années.

Le régime forfaitaire de la location meublée

De la même façon que vous pourriez déclarer vos revenus fonciers en dessous de 15 000 euros sous le régime forfaitaire du microfoncier, vous pourriez déclarer vos revenus issus de la location meublée sous le régime forfaitaire du micro-BIC.

L'abattement pour le micro-BIC est de 50 % (le bénéfice imposable sera de 50 % de vos revenus), augmenté à 71 % si vous louez en courte durée en tant que chambre d'hôte* ou si votre meublé de tourisme* est classé.

Le micro-BIC est plafonné à 72 600 euros de revenus pour les locations de locaux d'habitation meublés, et à 176 200 euros pour les locations de chambres d'hôtes et de meublés de tourisme classés.

En dessous de ces seuils, vous pouvez choisir le régime micro ou le régime réel (déduction des charges réellement payées). L'option au réel sera prise pour une période minimale de deux ans.

C'est en faisant le calcul avec l'une et l'autre méthode que vous saurez quelle est la méthode la plus avantageuse pour vous.

Au-dessus de ces seuils, la déclaration de vos revenus au réel est obligatoire.

Les erreurs à ne pas commettre

- Surestimer la plus-value et ne tenir compte ni du coût du crédit, ni de l'inflation.
- Oublier la règle d'or de l'immobilier locatif : les sorties (charges et crédit) doivent toujours être inférieures aux entrées (loyers).
- Penser que mettre le maximum d'apport et rembourser votre crédit sur la période la plus courte est la meilleure option : c'est le cas si vous achetez une résidence principale ou secondaire mais c'est le contraire pour l'immobilier locatif – pensez à mettre le minimum d'apport et à rembourser sur une période longue.
- Croire que l'immobilier c'est uniquement de la location nue avec une rentabilité de 2-3 % par an et ignorer l'immobilier à haut rendement – la colocation ; la location courte durée ; les immeubles de rapport ; l'immobilier professionnel et commercial – dont la rentabilité est souvent supérieure à 8 %.
- Ne pas calculer : votre rentabilité, votre cash-flow, votre retour sur investissement.
- Investir sans optimiser votre fiscalité.

Partie 3

INVESTIR DANS L'IMMOBILIER, MODE D'EMPLOI

Certains d'entre vous, investisseurs expérimentés, sont venus chercher dans ce livre des stratégies pour investir dans l'immobilier avec de meilleurs retours sur investissement – ce que vous aurez trouvé dans la partie précédente.

Mais il se peut également que vous vous lanciez dans l'immobilier – je suis très fière de vous avoir encouragé ! – et qu'il s'agisse d'un monde encore tout nouveau pour vous.

Vous trouverez dans cette partie les incontournables d'un achat immobilier : comment trouver le bien idéal ; comment et quoi négocier, avec la banque ou avec le vendeur ; quel parcours vous attend en tant qu'investisseur.

Immobilier dit parfois travaux… C'est souvent compliqué et on en parle peu. Vous trouverez dans les pages qui suivent des conseils qui pourront vous être fort utiles pour éviter les embûches liées aux travaux ou pour vous donner l'envie de vous lancer malgré l'appréhension de devoir les gérer.

Enfin, nous traiterons de la recherche de locataires et de la gestion du bien : à chaque type de location (location longue durée, courte durée, colocation), ses sites et ses astuces pour trouver des locataires !

Chapitre 7

Le bien

Se lancer sans attendre

Investir dans l'immobilier c'est d'abord devenir un « acheteur d'immobilier » à la recherche d'un bien à acquérir.

Le mythe de la bonne affaire

Qui n'a jamais entendu parler de telle personne qui a « fait la culbute » en revendant son bien trois fois le prix qu'il l'avait acheté ? Ou telle autre qui a acheté un appartement bien situé (disons avec vue sur mer…) pour une bouchée de pain ? Ou telle autre encore qui a réussi à obtenir un bien 100 000 ou 200 000 euros en dessous du prix affiché ?

La littérature et les histoires immobilières grouillent d'exemples de ce type qui vous conduisent inconsciemment à attendre d'avoir trouvé

« l'affaire du siècle » pour vous lancer en immobilier. Mais l'affaire du siècle, comme son nom l'indique, ne se produit qu'une fois par siècle !

Ce que ne vous disent pas les investisseurs chanceux qui ont acheté à moitié prix – ou ont revendu deux fois plus cher – c'est que ce n'était pas dans leur plan d'origine.

Ils ont fait une jolie plus-value à la revente… parce que les prix de l'immobilier ont augmenté et qu'ils ont revendu au bon moment : l'avaient-ils programmé dès le départ ? Rarement !

Ils ont réussi à négocier une belle remise sur le prix affiché à l'achat ? Aubaine inespérée mais ils auraient probablement acheté le bien, même sans négociation. Ou le bien était manifestement en vente très au-dessus du prix du marché : la négociation a été belle mais elle n'a fait que ramener le bien à son juste prix !

En un mot comme en cent : n'attendez pas l'affaire du siècle pour investir !

Créer sa bonne affaire

L'une des meilleures raisons pour ne pas attendre, c'est qu'une bonne affaire ne se trouve pas : elle se crée.

Une bonne affaire dépendra en effet de plusieurs facteurs :

- Quel montant allez-vous réussir à négocier à l'achat ?
- Comment pourriez-vous transformer et aménager votre bien ?
- De quelle manière allez-vous l'exploiter ?

Un studio trop grand et mal ficelé deviendra une bonne affaire parce qu'en y ajoutant une fenêtre et une cloison, vous l'aurez transformé en T2 bien proportionné – et recherché.

Un appartement un peu trop cher mais bien situé sera exploité en colocation et deviendra une excellente affaire, même acquis au-dessus du prix du marché.

En faisant valoir une vente courte (ou longue) ou l'absence de condition suspensive, vous obtiendrez une belle remise sur le prix de vente d'un bien qui sera alors positionné en dessous du prix du marché.

Parce que la décoration est votre talent, vous saurez redécorer un bien basique et neutre que vous revendrez avec une jolie plus-value. Ou vos aptitudes manuelles vous permettront d'acquérir un bien avec travaux que vous revendrez bien plus cher que son prix d'achat augmenté du prix des travaux.

Exemple personnel : j'ai souhaité acheter il y a quelques années une maison de campagne en Touraine. Lors de la visite, l'agent immobilier m'informe qu'une offre en dessous du prix avait été acceptée mais que l'acheteur n'avait pas eu son crédit. Les vendeurs sont désormais pressés puisqu'ils ont signé un compromis de vente pour une nouvelle maison (ventes en cascade).

En prenant comme base le prix précédemment accepté par les vendeurs, et en faisant valoir que je pouvais signer la promesse de vente sous 2 jours (je décide vite !), j'ai pu négocier à 485 000 euros une maison initialement proposée à 525 000 euros.

Le coût de l'attente

Il vaut toujours mieux investir maintenant dans un bien dont la rentabilité est intéressante (entre 5 et 8 %) plutôt qu'attendre, parfois indéfiniment, le bien qui vous rapportera 12 à 15 %.

On sous-estime toujours le coût de l'attente ! Imaginons que vous achetiez un appartement cette année à 150 000 euros. Exploité en location meublée classique, il vous rapporte chaque mois 675 euros, soit

8 100 euros par année. Sur 4 ans, 32 400 euros, qui vous auront permis d'améliorer votre train de vie ou qui vous auront servi d'apport pour un autre bien.

Imaginons maintenant que vous préfériez attendre de trouver une meilleure affaire… qui se présentera 4 ans plus tard, pour le même type d'appartement, au prix de 120 000 euros.

Vous n'aurez rien gagné : votre gain (30 000 euros + la différence sur les frais de notaire de 2 400 euros) ne compensera pas les 4 années où vous n'aurez pas gagné d'argent !

Sans oublier qu'entre-temps, les taux du crédit auront peut-être augmenté, les prix de l'immobilier flambé, et l'inflation aura à coup sûr joué à petite ou grande échelle son œuvre de destruction de la valeur de votre épargne.

L'attente représente toujours un risque qu'il faut savoir mettre en perspective avec la bonne affaire que vous pensez pouvoir réaliser.

L'immobilier n'est pas une science exacte

Les rentabilités élevées sont le fruit d'une suite de hasards heureux… qui pourraient tout autant devenir des hasards malheureux qui impacteront négativement votre rentabilité.

Le hasard joue un rôle dans une forte rentabilité : acheteur pressé alors que vous l'êtes moins ; hausse des prix de l'immobilier ; quartier déshérité faisant soudainement l'objet d'un engouement (pas toujours prévisible même si les plans d'urbanisme le sont !) ; nuisance qui disparaît soudainement (usine qui ferme, par exemple)…

Et il n'est pas très sage d'investir en comptant sur le hasard ! Mieux vaut compter sur une stratégie d'investissement plus solide, telle que celles décrites dans ce livre. Où la plus-value finale en cas de revente sera une bonne surprise si le marché immobilier a monté entre-temps, mais où vous serez gagnant, quoi qu'il se passe, y compris si le marché immobilier baisse !

Trouver le bien

Trouver un bien à acheter demande de la disponibilité et un peu de patience. La première étape consistera à regarder les annonces et à mettre des alertes. Puis viendra le temps des appels et des visites. Enfin, celui de concrétiser les choses en faisant une (ou plusieurs) proposition(s) d'achat.

Les annonces

Comme vous l'aurez compris au fil des lignes précédentes, il n'est pas nécessaire d'attendre l'affaire du siècle. Pas nécessaire non plus d'espérer une source d'annonces que personne d'autre n'aurait identifiée jusque-là.

Vous pouvez donc commencer par regarder les sites d'annonces grand public, que nous connaissons tous :

- leboncoin ;
- les sites d'agences tels que logic-immo.fr, seloger.com (mon préféré), bienici.com ;
- des sites un peu plus spécialisés tels que green-acres.com, si vous recherchez une propriété avec terrain ;
- ou le site des notaires de France (immobilier.notaires.fr).

Au début de votre recherche, Internet est votre plus grand allié. Il vous permettra de vous familiariser très vite avec votre marché, les offres disponibles et les prix. Mais il ne vous dispensera pas de partir à un moment ou un autre à la découverte de votre terrain de jeu !

Vous n'hésiterez pas à paramétrer des alertes qui vous permettront d'être informé des nouvelles offres, presque en temps réel.

Je vous conseille dans un premier temps de paramétrer une alerte sur des critères larges, à un prix un peu au-dessus de ce que vous envisagez.

Un prix se négocie et une recherche un peu large vous donnera le loisir d'affiner vos critères au fur et à mesure.

Vous recherchez par exemple un appartement dans lequel faire de la colocation, avec 4 chambres (soit 90 m² environ) à Reims. Vous pourriez rechercher :

- un appartement (voire un appartement ou une maison) ;
- dans la Marne (51) ;
- entre 70 et 120 m² ;
- sans limite sur le prix dans un premier temps ;
- de 4 pièces minimum.

Vous affinerez ainsi votre projet au fur et à mesure en étant sûr de ne manquer aucune opportunité un peu « à côté » de votre recherche.

Contacter les annonceurs et visiter

Il va sans dire qu'aucun achat immobilier ne pourra se faire sans prendre, à un moment ou un autre, son téléphone pour contacter le propriétaire du bien (si vous êtes en direct) ou l'agence qui a posté l'annonce.

Dans un cas comme dans l'autre, votre démarche ne sera pas tout à fait la même selon que vous êtes au début ou plus avancé dans votre recherche.

Au début de votre recherche : vous avez besoin de vous rendre compte du marché, de ce qui existe. Vous avez également besoin de vérifier si vos critères de choix sont les bons et s'ils sont complets. Vous allez donc demander à visiter rapidement. Sans poser trop de questions au téléphone.

Il arrive très souvent au début d'une recherche que nous ayons, sans même nous en apercevoir, une vision préconçue du bien que nous recherchons, qui ne correspond pas à la réalité du terrain.

Vous pensiez qu'il fallait 110 m^2 au moins pour faire une colocation de 4 chambres ? Une ou deux visites plus loin vous vous apercevrez que 90 m^2 sont suffisants… ou l'inverse ! À condition que les chambres soient toutes directement accessibles… ce qui ne figurait pas dans vos critères au démarrage mais qui fait maintenant partie de votre demande.

Quand vous serez plus avancé dans votre recherche : vous aurez affiné votre besoin et vos critères. Vous saurez ce qui est rédhibitoire… et ne visiterez plus que des biens qui correspondent à 95 % à votre bien idéal.

C'est un phénomène surprenant : au bout de quelques visites, vous saurez dire, sur plan et sans même vous déplacer, qu'un bien est « fait pour vous ». À condition d'accepter de perdre un peu de temps au démarrage à visiter des biens uniquement là pour vous aider à comprendre ce qu'il vous faut. Du temps perdu, en apparence, qui vous fera gagner beaucoup de temps et de réactivité ensuite.

Cette phase sera également intéressante pour « former » les agences que vous allez contacter. Car vous pourrez bien sûr interroger l'agence sur d'autres biens qu'elle aurait à vous proposer, et en visitant des biens avec elle, l'aider à comprendre votre demande.

Un agent immobilier peut être une aide précieuse pour, d'une part, vous aider dans votre recherche de bien et, d'autre part, vous aider dans la négociation (voir plus loin). N'hésitez pas à poser des questions :

- Depuis combien de temps le bien est-il en vente ?
- Pourquoi est-il mis en vente ?
- Y a-t-il une marge de négociation (quelle que soit la réponse, ne la prenez pas pour argent comptant !) ?

Faites de l'agent immobilier votre allié ! Et ne vous découragez pas si vous n'arrivez pas à joindre les agences du premier coup : cela demande souvent plusieurs relances téléphoniques, et une bonne dose de persévérance.

Sous-traiter sa recherche

Il existe ce que l'on appelle des chasseurs d'appartements.

Comme un courtier en crédit s'adressera à plusieurs établissements bancaires sans dépendre d'aucun, un chasseur d'appartements n'appartient pas à un réseau d'agences immobilières. Il travaille pour vous et cherchera à vous présenter un ou plusieurs biens qui correspondent à votre cahier des charges. Il les trouvera par tous les moyens qui lui semblent utiles : agences, flyers dans les boîtes aux lettres, discussion avec les commerçants ou les gardiens d'immeuble, bouche-à-oreille, etc.

Il investit du temps, là où vous en manquez peut-être. Dans cette optique (manque de temps), faire appel à un chasseur immobilier peut être en effet une bonne option plutôt que de remettre à plus tard et de ne jamais passer à l'action.

Coutumier des marchés immobiliers, souvent connaisseur d'une région géographique en particulier, capable de voir le potentiel d'un bien qui pourrait vous faire fuir, il saura à l'occasion vous orienter vers quelques « bonnes affaires ». Mais il n'est pas pour autant un faiseur de miracle. Et sa rémunération s'ajoutera aux frais d'acquisition du bien – rémunération exclusivement due le plus souvent dans le cas de l'acquisition d'un bien par son intermédiaire.

Depuis la promulgation de la loi Alur en 2014, la recherche immobilière a été rajoutée au champ d'application de la loi Hoguet, qui encadre les professionnels de l'immobilier. Le chasseur d'appartements est donc désormais une profession réglementée.

Calculer votre rentabilité

Sauf s'il s'agit d'acheter votre résidence principale, c'est à cette étape que vous ferez vos calculs pour savoir si le bien que vous souhaitez acquérir est ou non rentable. Car vous n'achèterez que si c'est rentable !

Vous trouverez comment calculer votre rentabilité en annexe de ce livre ainsi qu'en cliquant sur le lien suivant : https://nathaliecariou.com/calculs

Comment connaître le prix auquel acheter

Comme l'achat immobilier serait simple si vous pouviez être sûr d'avoir acheté au bon prix ! Auriez-vous dû négocier 10 000 ou 20 000 euros supplémentaires ? Le vendeur aurait-il consenti une remise plus importante si vous aviez insisté ? Ou *a contrario* aurait-il accepté la vente si vous aviez été un peu moins loin dans votre négociation ? C'est une donnée que vous ne connaîtrez jamais !

C'est pourquoi le bon prix n'est jamais le meilleur prix ! **C'est un prix qui permet au vendeur comme à l'acquéreur de signer – et qui vous permet de respecter le niveau de rentabilité que vous visez.**

Avant de vous positionner sur un bien, vous devrez :

- vous intéresser à votre marché ; l'étudier pour connaître les prix au mètre carré dans le secteur que vous visez. Une première approche peut consister à regarder sur un site tel que https://meilleursagents.com. Cela vous donnera *a priori* une idée des prix de l'immobilier là où vous voulez investir. L'étude des annonces locales complétera cet aperçu de ce que l'on trouve sur le marché ;

- effectuer quelques visites de biens pour affiner votre perception du rapport qualité du bien/prix au mètre carré. Pas toujours évident de voir ce que recouvre tel ou tel prix au mètre carré avant d'aller voir sur place !

- calculer votre rentabilité compte tenu du prix d'achat et en évaluant vos revenus et vos charges.

En tant qu'investisseur, c'est en effet le calcul de votre rentabilité qui aura le dernier mot… et qui **vous encouragera à négocier** si le seuil de rentabilité que vous vous êtes fixé n'est pas atteint.

L'éclairage de l'expert

Jérôme Yvon, marchand de biens professionnel

Pour investir en immobilier, la première étape va être de trouver le bien. C'est également la première difficulté que vous allez rencontrer, car j'ai une mauvaise nouvelle : le bien idéal n'existe pas.

Le meilleur bien, au meilleur endroit, au meilleur prix, sera rarement au rendez-vous dans vos résultats de recherche. Donc, voyons comment trouver le bien qui se rapproche le plus de votre idéal.

Les agents immobiliers sont vos meilleurs amis

La solution de facilité consistera à chercher sur les sites d'annonces en ligne. Or, une majorité d'investisseurs recherchent le même type de bien, au même endroit, et dans les mêmes tranches de prix. Et les résultats des alertes sur les nouvelles annonces arriveront à tout le monde en même temps. Vous serez confronté à une course contre la montre et la concurrence risque d'être rude.

Pour bien faire, vous devriez donc être informé de la mise en vente d'un bien avant sa publication sur Internet.

À l'heure où j'écris ces lignes, le premier site français d'annonces immobilières recense 683 173 annonces immobilières, dont 606 659 annonces de professionnels, soit 88 % du marché. Tous les agents immobiliers de votre ville doivent avoir vos coordonnées dans leur carnet d'adresses.

Faites des visites et inspirez confiance

Le meilleur moyen d'avoir la confiance d'un agent immobilier et de ne pas passer pour un « touriste immobilier » est d'appeler pour visiter un bien en annonce. Puis, lors de la visite, lui exprimer vos critères, et si le bien visité ne correspond pas, lui expliquer pourquoi, afin qu'il ajuste vos critères pour vous proposer, par la suite, des biens qui vous correspondent. Rappelez ensuite régulièrement, car vous n'êtes certainement pas la seule personne que l'agent immobilier a en contact.

L'objectif de l'agent immobilier n'est pas de multiplier les visites immobilières, mais de finaliser des ventes. Vous devez donc avoir sa confiance, en lui amenant les éléments qui vont lui assurer que vous pourrez financer le bien qu'il vous proposera (une attestation de courtier sur un montant finançable étant l'idéal).

Sortez des sentiers battus

Selon votre région, vous devrez imaginer des stratégies de recherche « hors norme » :

- identifiez les appartements ou les maisons inoccupés – et recherchez-en les propriétaires afin de leur proposer d'acheter leur bien (le service urbanisme de la mairie est votre ami) ;
- visitez les biens annoncés en location depuis longtemps – et proposez au propriétaire de les acheter ;
- discutez avec les gardiens, les commerçants, les voisins, etc.

Une dernière astuce pour trouver des biens : consultez les annonces sans aucun critère de recherche ! Vous trouverez ainsi des appartements classés en maisons, des maisons dans les locaux commerciaux, des parkings dans les terrains, des biens « perdus » dans la jungle des annonces sur lesquels personne ne risque de tomber !

Pour aller plus loin

https://investisseurimmobilierdebutant.fr et
https://www.youtube.com/c/JeromeYVON/videos

Négocier le bien

Dans bien des cas, vous souhaiterez négocier le prix d'achat du bien convoité :

- parce que votre vendeur a surestimé la valeur de son bien qui n'est manifestement pas au prix du marché ;
- parce que vous ne vous y retrouvez pas, en matière de rentabilité, au prix annoncé par le vendeur ;
- par principe, afin de récupérer quelques euros supplémentaires.

La première chose à savoir, en matière de négociation, c'est que vous n'obtiendrez jamais plus que ce que vous aurez demandé. Et que vous n'obtiendrez rien si vous ne demandez pas.

À part ça, je suis partisane de la négociation juste ! Inutile de vouloir obtenir le maximum quand il suffit de se mettre d'accord sur un prix compatible avec une rentabilité qui vous convient.

Or celle-ci dépend autant du bien, de sa localisation géographique et de son potentiel que du mode d'exploitation que vous allez choisir.

Difficile d'espérer une rentabilité de 10 %, quel que soit le montant que vous aurez négocié, avec un appartement parisien !

Cependant, un appartement de 90 m^2 présenté à 305 000 euros FAI[11], idéal pour une colocation de 4 chambres louées chacune 500 euros par mois, pourrait afficher une rentabilité de 8 à 9 %, plus dans la norme des colocations, si vous l'obtenez à 260 000 euros FAI[12].

Pour y parvenir, je vous propose deux pistes de négociation intéressantes.

Négocier auprès du vendeur

Les étapes d'une bonne négociation :

- rassemblez le plus possible d'informations (auprès de l'agent immobilier ou du vendeur) ;
- faites vos calculs en rentrant chez vous pour établir votre fenêtre de négociation ;

11. Revenus : 500 euros × 4 chambres × 12 mois = 24 000 euros.
Frais d'acquisition : 305 000 euros + 8 % de frais de notaire
= 329 400 euros – soit une rentabilité brute de 7,3 %.
12. Frais d'acquisition : 260 000 euros + 8 % de frais de notaire
= 280 800 euros – soit une rentabilité brute de 8,54 %.

- faites votre proposition au vendeur ou à l'agence en justifiant le pourquoi de cette proposition. En effet, une proposition « motivée » a plus de chances d'obtenir une réponse positive.

Voici quelques raisons que vous pourriez avancer :
- des travaux ou un rafraîchissement à effectuer ;
- une chaudière ou une pompe à chaleur à changer ;
- un achat rapide – ou une vente longue si c'est ce que souhaite le vendeur ;
- un crédit déjà accepté par la banque ;
- un achat sans condition suspensive de prêt (voir le chapitre 9) ;
- et LA raison ultime : votre budget ne vous permet pas de payer plus ; c'est le maximum que vous pouvez vous permettre ou que la banque peut vous prêter. Quand on ne peut pas, on ne peut pas !

Débat : agence ou direct propriétaire ?

Lorsqu'un bien est proposé à la vente par une agence, vous aurez, en tant qu'acheteur, des frais d'agence à régler. Ces frais seront indiqués sur l'annonce « à la charge de l'acquéreur » ou « à la charge du vendeur ». Nous verrons dans notre prochain paragraphe l'impact de l'une ou l'autre des formulations mais dans un cas comme dans l'autre, ne vous faites aucune illusion : c'est bien l'acquéreur – donc vous – qui s'acquitte des frais d'agence.

Vous pourriez donc préférer une vente directe par le propriétaire afin d'économiser les frais d'agence. C'est une stratégie possible.

Je préfère quand même passer par une agence – car cela facilitera finalement la négociation !

Il est en effet difficile de bien négocier avec un propriétaire en direct. Celui-ci est logiquement lié affectivement au bien qu'il vend : c'est lui qui a choisi le revêtement de sol, le papier peint mural, les carrelages de la salle de bains... c'est même peut-être lui qui a rénové la maison de ses mains. Difficile donc de lui dire que le papier peint date du siècle dernier ; que ses goûts pour les petits canards dans la salle de bains ne sont pas les vôtres ; qu'il est évident, au vu de la rénovation, qu'il n'est ni peintre ni plombier ni carreleur !

Il sera beaucoup plus simple de négocier par l'intermédiaire d'une agence. L'agent immobilier est bien plus neutre vis-à-vis du bien à vendre, bien plus conscient aussi des prix du marché de l'immobilier. Il ne s'offusquera pas d'une offre « un peu basse » et pourra d'autant mieux la présenter au vendeur qu'elle ne vient pas de lui. Il n'est que l'intermédiaire.

Il est fort probable que grâce à sa négociation vous puissiez récupérer le montant de la commission due à l'agence et même un peu plus.

Mon conseil : sur un marché tendu sur lequel vous ne pourrez pas négocier, passer en direct par le propriétaire sans agence vous fera effectivement économiser la commission d'agence. S'il y a négociation, si le bien vous semble clairement surestimé, l'agence vous fera gagner de l'argent pour finir.

L'éclairage de l'expert

Jérôme Yvon, marchand de biens professionnel

Le paradoxe de l'achat immobilier

Je suis marchand de biens professionnel et cette activité me place tantôt en tant qu'acheteur tantôt en tant que vendeur. Je suis donc extrêmement bien placé pour appréhender les enjeux de la négociation immobilière.

Le paradoxe, lors d'un achat immobilier, c'est que le vendeur et l'acheteur sont en principe d'accord : l'un veut vendre, l'autre veut acheter... Tous les deux veulent que la transaction aboutisse.

Mais ces personnes ont des objectifs opposés qui vont devoir s'entendre. Le vendeur veut vendre le plus cher possible, et vous, acheteur, voulez acheter le moins cher possible. C'est là que la négociation a toute son importance.

L'erreur fatale

Lorsque l'on parle négociation, l'erreur stratégique courante consiste simplement à proposer un prix en dessous du prix affiché, sans autre considération.

Si vous avez de la chance, le vendeur acceptera. Mais dans la plupart des cas, il vous retournera simplement un « NON », et vous aurez perdu un temps considérable en recherche de bien, en visite, etc.

Comprenez que si je vends un bien 150 000 €, pour quelle raison devrais-je accepter votre offre à 130 000 €, alors qu'en patientant quelques jours, j'aurai certainement un acheteur au prix ?

Les 3 motivations du vendeur : l'argent, l'urgence, la tranquillité

Les vendeurs n'ont pas tous le même profil, ni les mêmes raisons de vendre. Avant d'entamer une négociation il est primordial de savoir sur quel levier vous allez devoir appuyer votre négociation.

L'argent : si un bien est vendu car son propriétaire a besoin d'argent, alors vous devrez déterminer le montant minimum dont il a besoin pour faire avancer son autre projet. Si votre offre répond à son besoin, alors l'affaire est conclue.

L'urgence : dans certaines situations, un vendeur a besoin de vendre vite (divorce, mutation, succession, retour à la vente, etc.), et le prix n'est pas sa première considération. Dans ce cas, si vous lui assurez de pouvoir acheter vite, avec un accord de principe de la banque, par exemple, alors la négociation du prix ne sera qu'un détail vite résolu.

La tranquillité : une situation, moins courante mais existante, est celle d'un vendeur qui se débarrasse d'un bien pour être tranquille. C'est notamment le cas des biens squattés ou détériorés par des locataires irrespectueux. Dans ce cas, le vendeur cherche juste une personne pour « porter le fardeau » à sa place.

Comment savoir sur quel levier axer votre négociation ?

L'art de poser des questions... ou pas !

Après de nombreux tests personnels, le meilleur moyen d'identifier le levier sur lequel vous devrez orienter votre négociation se résume à une seule question à poser au vendeur (ou à l'agent immobilier) : « Alors... dites-moi tout » ou sa variante « Racontez-moi... c'est quoi l'histoire de cet appartement ? »

Après cette simple question, votre interlocuteur vous dévoilera naturellement tout ce que vous devez savoir, tant sur l'origine du bien que sur les raisons de la vente, et même le prix auquel vous pourriez négocier... avec un peu de chance.

Négocier les frais de notaire

Ces frais, abusivement appelés « frais de notaire » (il s'agit majoritairement d'un impôt sur les transactions immobilières), sont calculés sur le prix de l'immobilier. Ils représentent plus ou moins 8 % du prix d'acquisition du bien immobilier tel qu'il apparaît dans la promesse/le compromis de vente*.

Or, le montant du bien indiqué sur la promesse/le compromis de vente peut recouvrir des choses très différentes. Il peut s'agir :

- du prix du bien immobilier, hors frais d'agence ;
- de votre prix d'acquisition, frais d'agence inclus ;
- de votre prix d'acquisition, frais d'agence et frais de notaire inclus. On parle alors d'un achat acte en main.

Nous verrons plus loin l'intérêt d'un achat acte en main. Dans l'immédiat, retenez que lorsque les frais d'agence sont annoncés à la charge de l'acquéreur dans l'annonce immobilière, vous payez normalement les frais de notaire sur le montant de l'immobilier uniquement.

En revanche, lorsque les frais sont annoncés à la charge du vendeur, figurera sur la promesse/le compromis de vente le prix d'acquisition incluant les frais d'agence, prix FAI sur lesquels les frais de notaire seront ensuite calculés. Soit un surcoût de plusieurs dizaines ou milliers d'euros selon le montant du bien que vous achetez.

Surcoût des frais de notaire selon le prix d'acquisition figurant dans le compromis pour un appartement de 300 000 euros (frais d'agence non inclus)

Prix figurant dans le compromis	Prix d'acquisition	Frais de notaire	Surcoût
Coût de l'immobilier	300 000 €	24 000 €	-
Immobilier FAI	322 000 €	25 760 €	+ 1 760 €
Achat acte en main	347 760 €	27 821 €	+ 3 821 €

Sur un bien de 300 000 euros, le surcoût est aux alentours de 1 760 euros. Et s'accentuera au fur et à mesure que le prix de votre achat augmente.

Il est donc dans votre intérêt de vous assurer que les frais d'agence sont mentionnés comme étant à la charge de l'acquéreur. Si ce n'est pas le cas (et c'est de moins en moins le cas !), vous pouvez demander à l'agence **un mandat de recherche** du même montant que les frais d'agence. Cela permettra à l'agence de « basculer » les frais du vendeur à l'acquéreur, et de faire figurer dans la promesse/le compromis de vente le prix d'acquisition hors frais.

Débat : un ou deux notaires ?

En France, une vente immobilière doit obligatoirement passer par un notaire. Une prérogative qui évite de se poser la question des droits d'un vendeur sur la propriété qu'il vous vend. Au moment de la vente, le notaire est là pour attester des droits de propriété du vendeur sur le bien qu'il vend (il serait contrariant qu'un vendeur ne soit pas réellement propriétaire du bien qu'il vend... vous auriez par conséquent acheté un bien qui ne vous appartient pas... Le droit américain est rempli d'affaires de la sorte !).

Dans toute vente, le vendeur est représenté par un notaire.

Devez-vous, vous aussi, avoir votre propre notaire ?

En fait, pas forcément. Légalement, un notaire suffit. Vous pouvez choisir de faire confiance au notaire dit « du vendeur » qui rédigera les actes, vérifiera l'identité de l'une et de l'autre des parties, s'assurera que le bien est purgé de toute servitude qui empêcherait sa vente (préemption de la mairie ou de la SAFER...), recevra les fonds et vous fera signer l'acte authentique de vente. Vous y gagnerez éventuellement en rapidité.

Vous pouvez également vous faire représenter par votre propre notaire. Il ne vous en coûtera rien de plus. Les frais de notaire seront divisés en trois :

- la majeure partie de ce que l'on appelle des frais de notaire est en fait des impôts versés à l'État, qui ne changeront pas selon que vous ayez un ou deux notaires ;
- les émoluments du notaire seront divisés en deux.

Attention néanmoins à choisir votre notaire avant la signature de la promesse ou du compromis de vente... Ce qui est écrit dans la promesse ou le compromis sera repris dans l'acte authentique. Si votre notaire n'est pas mentionné à ce moment-là, il ne pourra pas s'immiscer ensuite dans la vente.

Seuls les écrits restent

La recherche du bien sera ponctuée de deux temps forts :

- la rédaction d'une lettre d'intention, où vous signifiez au vendeur que vous êtes intéressé par son bien, à quel prix et comment vous allez financer votre achat (quel est le montant de votre apport et la partie que vous allez financer à crédit) ;
- une promesse ou un compromis de vente que vous signerez en agence ou devant notaire. Rien n'oblige à passer par un professionnel à ce moment-là de la vente et la promesse de vente pourrait être signée sous seing privé (juste entre vous et le vendeur). Reconnaissons néanmoins que rares sont les ventes qui aujourd'hui se traitent « sur un coin de table ».

Dans l'un et l'autre cas, j'insisterai sur le fait que seuls les écrits restent. Faire confiance à la parole de l'autre, qu'il s'agisse du vendeur, du notaire ou comme nous allons le voir maintenant du banquier, est dangereux lorsque l'on cherche à acheter un bien de plusieurs milliers d'euros !

Chapitre 8

Le financement

Le crédit… c'est le nerf de la guerre, qui donne à l'immobilier tout son intérêt !

Négocier le crédit

Bien sûr, la rentabilité offerte par l'immobilier, en tant qu'investissement, n'a pas à faire rougir. Selon que vous ferez de l'immobilier classique (location longue durée) ou de l'immobilier à haut rendement (immobilier plus actif tel que la colocation ou la location courte durée) votre rentabilité variera de quelques pourcents à 8, 10 ou 15 %.

À peu près le même écart qu'entre une assurance vie en fonds euros et un placement financier de type « actions ».

Mais que se passe-t-il, si, en plus, vous n'avez pas à dépenser votre propre argent ? Ou très peu comparé au total de l'investissement que représente votre achat immobilier ?

Nous parlerons alors d'un retour sur investissement ! Calculé non plus sur le montant de l'investissement total mais sur le montant de ce que vous avez mis de votre poche, autrement dit votre apport. Or moins vous mettrez d'apport, plus vous emprunterez à la banque, plus votre retour sur investissement sera important (voir encadré).

C'est l'effet de levier du crédit : vous achetez un bien avec de l'argent qui ne vous appartient pas, remboursé par d'autres que vous (vos locataires).

Calculer son retour sur investissement

Le retour sur investissement peut être considéré comme une rentabilité rapportée non pas au prix du bien mais à ce que vous avez réellement sorti de votre poche. Il dépend de votre revenu net (ensemble des revenus moins ensemble des charges d'exploitation) mais aussi et surtout du montant de votre apport.

Le retour sur investissement se calcule ainsi :

Revenus nets / Investissement personnel

Comme pour la rentabilité, les échéances de crédit ne sont pas prises en compte.

Le retour sur investissement sert essentiellement à **comprendre en combien de temps vous allez reconstituer votre apport**.

Il permet de toucher du doigt l'intérêt d'un faible apport (et d'un fort crédit) pour un investissement locatif. Moins votre apport sera important, plus votre retour sur investissement sera fort – infini si vous vous faites financer à 110 %, c'est-à-dire avec les frais de notaire.

Cela ne présume cependant ni de votre rentabilité*, ni du cash-flow* dégagé chaque mois.

À vous ensuite de prendre en considération ces trois points clefs :

- rentabilité ;
- retour sur investissement ;
- cash-flow.

Et de les rapprocher de vos objectifs pour décider du meilleur investissement pour vous.

Reprenons l'exemple d'un appartement de 50 m² loué en meublé, déjà utilisé pour calculer la rentabilité :

- Coût d'achat : 130 000 euros
- Frais de notaire : 10 400 euros
- Pas de frais d'agence
- Travaux et ameublement : 20 000 euros
- Apport initial : 50 000 euros

Les entrées ne couvrent pas tout à fait les sorties et vous devrez rajouter 90 euros par mois, tous les mois, sur 20 ans, pour payer l'emprunt.

- **Total apporté : 71 600 euros (50 000 euros d'apport initial + 1 080 euros par an de complément, sur 20 ans)**
- Loyer annuel, toutes charges comprises : 9 000 euros
- Charges (copropriété ; taxe foncière ; assurance PNO*) : 1 800 euros
- **Revenus nets : 7 200 euros**
- **Retour sur investissement : 10,06 % (7 200 / 71 600 × 100)**

Il vous faudra donc attendre 10 ans (100 / 10) pour récupérer votre apport et reconstituer vos réserves. C'est un peu long.

Si votre projet respectait la règle d'or (entrées supérieures aux sorties), votre retour sur investissement serait alors de 14,4 % (7 ans pour reconstituer vos réserves).

Et de 20 % (5 ans pour reconstituer vos réserves) si votre apport était seulement de 36 000 euros.

Mais il existe une contrepartie à cette « formule magique » : le cash-flow dégagé chaque mois (l'argent qui s'accumulera sur votre compte) sera forcément réduit du montant du crédit à rembourser !

Vous emprunterez donc « au maximum » à condition de rester dans les limites de la règle d'or énoncée plus haut, et à condition que le remboursement de l'emprunt ne vous oblige pas à sortir d'argent de votre poche tous les mois.

Pour cela, vous pourrez jouer :

- sur le montant de votre apport : plus il est important, plus le montant emprunté est faible, plus les mensualités de remboursement sont également faibles ;
- sur la durée de l'emprunt : plus la durée d'emprunt sera longue, plus vos mensualités seront réduites. **Peu importe si le coût global du crédit augmente**... Je vous rappelle que ce n'est pas vous qui « remboursez l'emprunt » mais vos locataires !
- sur le taux, bien sûr – mais il ne dépend de vous qu'à la marge et en tant qu'investisseur, vous ne serez pas toujours en position de mettre les banques en concurrence.

Négocier avec la banque

En tant que levier, le crédit bancaire est le nerf de la guerre de l'immobilier ! Qui signe l'entrée en lice d'un nouveau protagoniste, incontournable dès qu'il y a emprunt : la banque.

Pour bien négocier avec la banque, il vous faut en premier lieu comprendre ce que recherche un établissement financier.

Les critères d'une banque pour accorder un crédit

Avant toute chose, le banquier qui vous accorde un crédit veut avoir la **garantie que vous allez pouvoir rembourser l'argent qu'il vous a prêté**. Pour cela, il vérifiera que vos revenus vous permettent de couvrir les échéances de votre emprunt : c'est le fameux seuil d'endettement de 33 à 35 % que le banquier ne souhaitera pas dépasser.

- Le seuil d'endettement comprend vos loyers si vous êtes locataire et vos emprunts (quelle qu'en soit la nature).

- Vos revenus seront composés de tous vos revenus, salaires, dividendes, pensions, revenus locatifs... Même si certains revenus sont plus valorisés que d'autres : votre salaire tombera tous les mois tant que vous serez en fonction ; le chômage est un revenu à durée déterminée (moins intéressant pour un banquier) ; les dividendes peuvent varier d'une année sur l'autre ; les revenus locatifs seront d'autant plus sécurisants pour votre interlocuteur qu'ils proviennent d'une location de longue durée (estimés à partir de l'attestation qu'une agence immobilière vous fournira, précisant le montant auquel vous pourriez louer votre bien).

La banque veut être remboursée et elle n'aime pas le risque. C'est pourquoi elle vous obligera à prendre une assurance emprunteur* (c'est vous qui payez mais c'est elle qui est assurée en cas de décès !) ; et vous demandera des garanties pour le cas où (caution personnelle ou hypothèque de votre bien).

Elle n'a cependant pas vocation à saisir votre bien pour le revendre (elle n'a pas les structures adaptées pour cela) et considérera d'abord et avant tout vos revenus avant de vous accorder un crédit.

En France, les banques ne prêtent pas sur la valeur hypothécaire de votre bien. L'hypothèque n'est là que comme garantie.

Inutile donc de vouloir impressionner un banquier avec une rentabilité à 2 chiffres : dans son système de référence, une rentabilité forte signifie un risque élevé. Mieux vaut présenter un dossier avec une rentabilité de quelques pourcents et une exploitation totalement sécurisée (location longue durée) plutôt qu'un dossier avec une rentabilité de 20 % obtenus en faisant de la location courte durée.

La location courte durée, aux yeux d'un banquier, représente en effet une inconnue et un risque puisque ni vous ni personne ne sera capable de GARANTIR au banquier le montant des loyers perçus. Une fois le prêt accordé, vous serez libre d'ajuster votre mode d'exploitation à vos objectifs de rentabilité.

Si votre dossier n'est pas trop risqué, une banque pourra donc vous accorder votre crédit. Vous devez néanmoins être conscient que les taux extrêmement bas des crédits immobiliers depuis quelques années ont une conséquence : une banque ne gagne rien – ou presque – avec un crédit immobilier.

Le crédit immobilier est aujourd'hui un point d'entrée. C'est dans cette perspective, pour gagner « ailleurs », qu'elle vous demandera peut-être, comme condition pour vous octroyer votre crédit, de placer vos liquidités chez elle dans une assurance vie ou de rapatrier le versement de vos salaires.

Ce sont des éléments de négociation : vous avez besoin d'un crédit ; la banque pourrait être intéressée par un nouveau client. À vous de lui donner envie de vous aider, de vous garder (si vous êtes déjà client) ou de vous conquérir (si vous devenez client).

Finalement, pour bien négocier avec la banque, vous devez garder en tête qu'une banque est à la fois :

- une institution dont la mission est inconsciemment de vous aider à vous loger : vous aurez toujours un avantage psychologique auprès d'un banquier si vous demandez un crédit pour acheter votre résidence principale ! ;
- un commerçant qui cherche à gagner de l'argent avec les produits qu'il propose ou à capter de nouveaux clients ;
- un être humain dans la personne du conseiller bancaire qui vous reçoit. Qui fera une différence non négligeable sur l'obtention de votre crédit. Ne négligez pas le facteur humain !

Voici une anecdote personnelle en guise d'illustration : forte de mes connaissances toutes neuves en investissement, motivée par l'urgence d'aller vite pour financer ma future retraite, je me lance en mai 2010 dans l'achat d'un grand appartement parisien. Même bien négocié à 6 500 euros du mètre carré, un tel appartement coûte « un peu » d'argent.

Je dois donc trouver une banque qui accepte de me prêter 850 000 euros pour faire aboutir mon projet. J'entreprends quelques démarches par moi-même puis fais appel à un courtier.

Finalement, une banque accepte de porter mon dossier auprès de son service des prêts. Ou plutôt devrais-je dire une conseillère bancaire, qui semble voir le potentiel de ce projet improbable. Ma demande de crédit a été à elle seule le feuilleton de l'agence cet été-là : nous étions en juillet, toute l'agence était au courant de mon dossier ; et à chaque retour de congés d'un membre de l'agence, la question était la même : « Nathalie Cariou a-t-elle obtenu son crédit ? »

Je me suis rendu compte rétrospectivement (des années plus tard) que mon dossier n'avait que très peu de chances d'être accepté et que je dois l'obtention de mon crédit à une conseillère qui avait vraisemblablement envie de boucler un gros dossier avant son départ en congé maternité.

Un conseiller bancaire est aussi une personne.

Débat : acheter d'abord ou financer d'abord ?

Avoir une vague idée de ce que vous pourriez emprunter :

- en évaluant votre capacité de remboursement mensuel à partir de vos revenus,
- et en extrapolant à votre capacité d'emprunt,

est indispensable pour que vous sachiez sur quelle gamme de bien vous positionner. Vous devez savoir si vous achetez un studio de 70 000 euros ou un immeuble de 300 000 euros.

Le tableau en annexe 9 vous permettra de calculer ce qui est théoriquement à votre portée.

Néanmoins ce n'est qu'une approximation théorique !

N'oubliez pas la marge de négociation et visez 5 à 10 % au-dessus de votre estimation.

Mettez-vous dans la tête d'un banquier : vous arrivez à la banque avec une promesse de vente signée, pour laquelle vous demandez un financement. Il est, en quelque sorte, « au pied du mur » et comme tout être humain, fera le maximum pour résoudre « votre problème » en vous trouvant un financement. Pas dans n'importe quelles conditions ni à n'importe quel coût, mais son implication sera supérieure.

Imaginez maintenant que vous poussez la porte de la banque AVANT une quelconque visite, juste pour demander « Combien pourriez-vous me prêter ? » Il y a fort à parier que vous en ressortirez avec une base minimum, mais en aucune façon avec une solution engagée de la part de votre interlocuteur.

C'est pourquoi j'ai tendance à préférer signer d'abord et demander mon financement une fois la promesse de vente signée.

L'estimation d'un courtier en crédit, qui validera que vous pouvez emprunter le montant nécessaire à votre achat, sera une bonne alternative si vous avez besoin de présenter ce document à une agence immobilière un peu frileuse – qui ne transmettra votre offre au vendeur que dans la mesure où elle est rassurée sur le fait que vous obtiendrez votre financement.

Numéro d'équilibriste sans grand fondement puisque tant que vous n'avez pas d'offre de crédit signée de la banque entre les mains, vous n'avez pas de financement, malgré les promesses orales de votre banquier, ou les estimations qu'il vous aura sorties, ou l'évaluation d'un courtier. Une règle à ne jamais oublier.

Plusieurs types de crédit

Avec un crédit amortissable★ à taux fixe, crédit le plus fréquemment rencontré, votre échéance mensuelle est fixe pendant toute la durée de votre crédit. Elle est constituée pour partie du paiement des intérêts et pour partie du remboursement du capital emprunté (majoritairement des intérêts au début du prêt et majoritairement du capital à la fin).

Vos échéances seront également fixes mais uniquement composées d'intérêts dans le cadre d'un crédit *in fine*★ : dans le cadre d'un crédit *in fine*, le capital est remboursé en une fois à la fin du crédit. Les échéances mensuelles correspondent uniquement au paiement des intérêts sur la totalité du capital emprunté. C'est donc un crédit plus cher (le capital emprunté ne baisse jamais ; les intérêts sont donc toujours calculés sur la totalité de la somme empruntée) mais dont les échéances sont moins élevées que pour un crédit amortissable (puisque uniquement constitué d'intérêts).

Le crédit *in fine* sera adossé à un produit d'épargne (assurance vie, par exemple) qui assurera à la banque que vous serez capable de rembourser le capital à la fin du crédit.

Le prêt relais, qui permet de faire la jonction entre l'achat d'une deuxième maison et la vente d'un premier bien, est un crédit *in fine*.

Mais vos échéances de remboursement peuvent aussi être variables si le taux de votre emprunt est variable et suit l'évolution des taux d'intérêt. Un crédit à taux variable (peu intéressant tant que les taux d'intérêt restent aussi bas que ces dernières années) peut présenter **un taux variable** ou **un taux variable capé** (dont la variation est limitée à 1 % – capé 1 – ou 2 % – capé 2 – par exemple).

Ce que vous pouvez négocier

Nous ne sommes pas tous égaux devant un banquier. Certains, dont la situation est « bien sous tous rapports » au regard des critères d'obtention d'un crédit, obtiendront facilement deux ou trois propositions et pourront faire jouer la concurrence.

D'autres, dont le dossier est plus épineux ou moins standard, seront déjà contents d'obtenir un « oui » et ne seront pas en situation de négocier. Leur difficulté à se faire financer ne signifie pas, d'ailleurs, que le taux qui leur sera proposé sera moins avantageux : simplement qu'ils n'auront pas l'embarras du choix !

Que vous soyez en situation de le faire ou non, voici les points que vous pourriez négocier avec votre banquier au moment de l'obtention de votre crédit :

- le pourcentage de votre apport par rapport au financement total dont vous avez besoin ;
- la durée du crédit ;
- le taux d'intérêt ;
- les frais de dossier ;
- le remboursement anticipé du crédit sans pénalité ;
- la substitution d'une autre assurance de prêt à celle de la banque (souvent moins chère) ;
- l'étendue de votre assurance emprunteur (le décès, l'incapacité totale ou partielle, la perte de revenus) : non pas pour obtenir plus pour le même prix mais pour diminuer l'étendue (et donc le prix) de l'assurance – voire pour enlever totalement l'assurance emprunteur ;
- une franchise totale ou partielle de quelques mois, avant de commencer à rembourser votre crédit, le temps d'effectuer les travaux (dans certains cas, la franchise peut être de 1 ou 2 ans) ;
- la modularité des échéances en cours de crédit, qui vous permet de diminuer ou de suspendre pendant une période donnée vos remboursements ;
- la garantie : organisme d'assurance de type Crédit Logement ou hypothèque.

Il va de soi que ce sera à vous de hiérarchiser les éléments auxquels vous accordez le plus d'importance – et d'estimer à quel moment vous devrez arrêter votre négociation. Il est rare que l'on puisse tout avoir !

L'éclairage de l'expert

Jérôme Yvon, marchand de biens professionnel

Parler le langage du banquier

Vous allez préparer un beau dossier et tous vos chiffres sont bons. Génial ! Mais vous commettez peut-être une erreur si votre présentation est focalisée sur VOUS : votre situation, votre investissement, vos chiffres, votre demande.

Ce qui intéresse le banquier avant tout, c'est lui-même !

Le banquier est un gestionnaire de risque, et le SEUL objectif de votre dossier est de répondre aux objections du banquier pour le rassurer.

Les 3 étapes de votre négociation

Lors de la présentation de votre dossier, vous devez avoir ces objectifs en tête : le banquier doit avoir confiance en VOUS, en votre PROJET et en votre DEMANDE.

La confiance en vous

Votre situation doit faire ressortir ses avantages, en anticipant les objections du banquier.

Par exemple : le banquier préfère les propriétaires. Donc si vous êtes propriétaire, confortez-le en disant que vous avez préféré assurer un toit sur la tête de votre famille avant d'investir.

Mais si vous êtes locataire, justifiez que vous faites le choix de profiter d'un endettement plus faible, afin de générer des revenus complémentaires qui permettront d'avoir un meilleur apport pour financer votre future résidence principale.

La confiance en votre projet

Anticipez les craintes du banquier et faites ressortir les améliorations de votre situation : augmentation de votre patrimoine, exploitation sécurisée, valorisation du quartier, amélioration de votre reste à vivre, etc.

La confiance en votre demande

Vous devez argumenter sur les avantages et la sécurité que votre demande apporte au banquier :

- un prêt long vous accorde des mensualités plus basses, donc une meilleure réserve de sécurité ;
- un minimum d'apport vous fait conserver votre épargne, qui va travailler pour vous et pour la banque, tout en garantissant un fond de sécurité en cas d'imprévu ;
- un report d'échéances vous permet d'aménager votre bien sans affaiblir votre épargne.

C'est tout à fait contre-intuitif.

Trop souvent, la négociation avec le banquier tourne autour de l'argent. Mais les chiffres parlent d'eux-mêmes. Si vos chiffres sont bons, ce qui fera la différence entre un OUI et un NON, c'est la confiance que le banquier aura en vous.

Soyez convaincu que la négociation avec le banquier n'est pas une histoire d'argent, mais de confiance.

Ne cherchez pas à tout avoir sans rien lâcher

Vous devez préparer les contreparties que vous allez offrir au banquier, car c'est avec cela qu'il gagnera de l'argent, et non avec votre prêt immobilier. Regardez simplement les affiches en vitrine et proposez de souscrire à ces services : compte épargne pour les enfants, assurance de prêt, assurance voiture, forfait téléphone, domiciliation des revenus...

N'oubliez pas que rien n'est gravé dans le marbre, vous pourrez toujours annuler ou modifier ces contrats par la suite.

VOTRE DOSSIER BANCAIRE

Vous avez besoin d'un crédit bancaire pour financer votre bien. Votre premier travail, pour y arriver, va être de faciliter au maximum la vie de votre banquier ou de votre courtier. Cela ne présumera en rien de l'obtention ou non de votre crédit mais plus vous leur communiquerez des informations claires et complètes, plus vous vous assurerez de leur bonne volonté. C'est humain !

La constitution du dossier – et sa présentation – est un point essentiel et incontournable pour l'obtention d'un crédit. Ce n'est pas la phase la plus sympathique : dites-vous que vous allez passer du temps (généralement une bonne semaine, selon la complexité de votre situation) à rechercher dans vos papiers, photocopier, organiser et calculer. Vous aurez l'impression de vous être mis à nu… et c'est parfois désagréable. Autant savoir ce qui vous sera demandé et dans quel ordre le présenter pour mettre en valeur votre dossier.

Rappelez-vous : quoi que la banque vous demande, c'est à vous de présenter l'information sous son meilleur jour pour qu'elle serve votre cause.

Votre dossier sera globalement constitué de 4 grandes parties :

1. Le ou les emprunteurs (vous et vos co-emprunteurs, personnes physiques ou morales) – autant de sous-parties que d'emprunteurs !
2. Le projet d'achat.
3. Votre demande de crédit.
4. Les garanties que vous apportez (votre patrimoine actuel).

Dans chaque partie, vous débuterez par une **page récapitulative** puis compléterez avec les documents demandés par la banque ou le courtier. La liste des documents demandés peut varier d'un organisme à l'autre mais vous trouverez en annexe 10 les incontournables que vous aurez à présenter où que ce soit.

Cette liste vous fera gagner du temps dans votre recherche de crédit : elle vous permettra de débuter votre tournée des banques en personne avertie, déjà en possession d'un dossier constitué et d'éviter un premier rendez-vous uniquement destiné à récupérer la liste des documents à fournir.

Pensez à des intercalaires entre chaque partie – et à un sommaire si votre dossier est conséquent. Je vous suggérerais également de soigner le contenant : dossier agrafé, classeur éventuellement (2 à 3 euros le classeur) plutôt qu'un paquet de feuilles volantes vite perdues et mélangées.

Voici le contenu des 4 parties de votre dossier et les informations que vous devrez faire figurer dans chaque partie.

1. Le ou les emprunteurs (vous et vos co-emprunteurs, personnes physiques ou morales)

S'il y a plusieurs emprunteurs, chaque emprunteur aura droit à sa sous-partie avec page récapitulative et documents. Et vous prévoirez une page récapitulative générale avec la liste de tous les emprunteurs, leurs revenus et leurs charges récurrentes.

Pour les personnes physiques :

- Nom et prénoms
- Téléphone et adresse mail (en premier pour éviter à votre interlocuteur de les chercher)
- Date et lieu de naissance (nationalité)
- Situation maritale
- Profession, statut professionnel et employeur
- Revenus mensuels et annuels
- Liste de vos charges récurrentes avec les montants : loyer, crédit en cours…

Pour les personnes morales :

- Raison sociale
- Téléphone et adresse du siège social
- Année de constitution de l'entreprise
- Numéro d'immatriculation
- Activité principale
- Associés ou actionnaires : leur identité et leur date de naissance
- Chiffre d'affaires et bénéfice (de la dernière année ou des trois dernières années selon ce que vous voulez mettre en avant)

2. Le projet d'achat

- Adresse du bien
- Description du bien : maison/appartement ; surface ; nombre de pièces
- Photos/plans : il est important que votre futur financier puisse visualiser ce qu'il finance
- Date de la signature de la promesse de vente
- Date de fin de la condition suspensive de prêt
- Mode de location envisagé
- Revenus locatifs estimés sur l'année
- Cash-flow estimé : avec un tableau présentant de manière claire la différence entre loyers et charges **sur plusieurs années**

Ne vous contentez pas de présenter vos chiffres sur un an : plus vous serez capable de présenter une projection dans le temps (sur 3, 5 ou 10 ans), plus cela rassurera votre banquier.

3. Votre demande de crédit

- Prix d'acquisition
- Montant de l'apport
- Montant du crédit souhaité
- Durée du crédit souhaité

4. Les garanties que vous apportez (votre patrimoine actuel)

Pour chaque bien immobilier :

- Type de bien
- Adresse
- Destination (résidence principale, secondaire, locatif)
- Mode de détention (en propre/via une SCI/en nue propriété ou en pleine propriété)
- Sa valeur vénale
- Le crédit restant dû
- Sa valeur nette
- Loyers générés
- Avec un tableau récapitulatif de votre valeur nette (une fois les crédits remboursés) et de vos revenus locatifs mensuels s'il y a lieu

Pour vos placements financiers :

- Support (PEL, livret A, assurance vie, portefeuille titres, etc.)
- Organisme
- Montant
- Sous forme de tableau avec un total de l'ensemble de vos placements financiers à la fin

Ce dossier, dont la constitution peut vous paraître insurmontable à la vue de la longue liste qui précède, sera d'autant plus conséquent que vous avez déjà pas mal d'avoirs. Ce qui constitue en soi une bonne nouvelle dans l'optique d'obtenir un prêt.

Mais si vous en êtes à votre premier investissement, cela devrait aller beaucoup plus vite !

Débat : faut-il contacter une banque ou s'adresser à un courtier ?

Pour trouver votre financement :

- Vous pourrez vous adresser à votre banque. Attention cependant : ce n'est pas parce que c'est VOTRE banque qu'elle vous accordera votre prêt ou qu'elle vous offrira le meilleur taux !
- Vous irez donc probablement frapper à la porte d'autres établissements bancaires.
- Mais vous pourriez également vous adresser à un courtier pour qu'il aille voir plusieurs établissements bancaires à votre place.

Dans l'absolu, un courtier connaît mieux le monde bancaire que vous. Il s'adressera directement aux établissements bancaires les plus susceptibles de répondre favorablement à votre demande. Et poursuivra ses démarches jusqu'à ce qu'une banque vous accorde votre crédit.

En effet, un courtier est pour partie rémunéré par vous (frais de dossier) et pour partie par la banque qui lui rétrocède une commission. Il a donc tout intérêt à aboutir.

Un courtier peut donc être d'une grande aide dans votre recherche : il peut vous aider à construire votre dossier pour qu'il soit plus facilement accepté par une banque – et il vous fera gagner du temps. Mais il sera moins convaincant que vous dont c'est « le bébé ».

Je distinguerai 3 cas :

- Votre dossier est « facile » (bon revenu, pas ou peu d'emprunt), salarié en CDI ou fonctionnaire, moins de 45 ans et en bonne santé : vous pouvez contacter directement 3 ou 4 banques, comparer les taux et décider. Dans la mesure où votre dossier ne présente aucune difficulté, que vous êtes sûr ou presque d'obtenir votre crédit, un courtier ne vous sera pas d'une grande utilité.

- Votre cas est plus compliqué et frôle le « mouton à 5 pattes » : revenus insuffisants, situation précaire ou taux d'endettement dépassant les 35 %... un courtier efficace saura vous trouver un financement là où vous auriez plus de difficultés.

- Votre dossier personnel est très incertain, un peu compliqué et si vous êtes convaincu de la réussite du projet locatif que vous portez, il se peut qu'un « étranger » soit moins à même que vous de le défendre avec enthousiasme. Dans ce cas, prenez votre bâton de pèlerin, armez-vous de patience, et frappez à autant de portes bancaires que nécessaire pour obtenir votre financement ! Il suffit d'un accord... qui surviendra peut-être après une dizaine de refus.

Chapitre 9

Votre parcours d'investisseur

Il se sera passé quelques mois entre votre première visite et la date de la signature de l'acte authentique chez le notaire – 4 à 6 mois probablement. À ce stade, une vision synthétique de votre parcours d'investisseur s'impose.

Le nombre de semaines indiqué pour chaque phase (tableau ci-après) est bien sûr approximatif. Mon but est de vous donner une vision de l'ensemble du parcours, de vous permettre de vous projeter dans le temps. Il va sans dire que la recherche du bien (estimée entre 1 et 4 semaines) peut être plus longue si vous interrompez votre recherche, attendez d'être disponible pour visiter ou si vous ne trouvez pas de bien correspondant à vos critères.

Mais c'est à peu près le temps qu'il vous faudra si vous êtes motivé, sûr de vos critères d'achat, que vous appelez les agences dès qu'une annonce paraît et vous rendez disponible pour visiter.

Résumé de votre parcours d'investisseur

<table>
<tr><th>Temps nécessaire</th><th>Phase du parcours concernée</th><th>Qui s'achève avec…</th></tr>
<tr><td>Semaines 1 à 4</td><td>Recherche du bien</td><td>Offre d'achat contresignée par le vendeur</td></tr>
<tr><td>Semaines 5 à 6</td><td>Signature de la promesse/
du compromis de vente</td><td>Compromis/promesse signé(e)</td></tr>
<tr><td colspan="3">Délai de rétractation de 10 jours (après réception de la promesse ou du compromis par lettre RAR)</td></tr>
<tr><td>Semaines 7 à 9</td><td>Premières visites aux banques ou aux courtiers (parfois indiqué dans les 10 jours suivant la signature dans le compromis de vente)
Constitution de votre dossier de demande de crédit</td><td>Dépôt de votre dossier de demande de crédit</td></tr>
<tr><td colspan="3">Rajouter quelques semaines si vous avez essuyé des refus et devez refaire un tour des banques</td></tr>
<tr><td>Semaines 11 ou 12</td><td>Fin de la condition suspensive de prêt (généralement de 45 jours)
Peut être négociée à 60 jours au moment de la signature du compromis
OU prolongée d'une à deux semaines si l'accord de la banque tarde à venir</td><td>Accord écrit d'une banque pour l'emprunt
OU
Dénonciation de la vente</td></tr>
<tr><td>Semaines 12 à 14</td><td>Assurance : visite médicale s'il y a lieu</td><td>Offre de prêt</td></tr>
<tr><td colspan="3">Délai de réflexion incompressible de 10 jours calendaires</td></tr>
<tr><td>Semaine 16</td><td>Passés ces 10 jours, envoi de l'offre de prêt signée à la banque</td><td>RDV chez le notaire pour la signature de l'acte authentique</td></tr>
<tr><td>Semaine 17</td><td>Libération des fonds (directement de la banque au notaire)
De votre côté : vous penserez à assurer le bien
Signature de l'acte authentique de vente devant notaire</td><td>Remise des clefs :
vous êtes propriétaire !</td></tr>
</table>

PUIS-JE CHANGER D'AVIS ?

Comme pour tout achat de cette importance, en particulier s'il s'agit du premier, savoir que l'on peut changer d'avis est sécurisant. On peut changer d'avis lors d'un achat immobilier, à condition de le faire dans les règles et aux moments prévus pour cela.

Changer d'avis avant la signature de la promesse de vente : vous avez envoyé votre offre au vendeur, qui l'a contresignée et voilà que vous trouvez un autre bien encore plus merveilleux pour le projet que vous avez en tête.

Rien n'est réellement prévu par le législateur pour que vous changiez d'avis à ce moment-là. Mais dans la mesure où vous bénéficiez d'un délai de rétractation après signature de la promesse de vente, une lettre au vendeur ou à son représentant (l'agence) devrait vous libérer facilement de votre offre.

Changer d'avis après la signature de la promesse ou du compromis de vente : la loi prévoit un délai de rétractation, sans frais et sans pénalité, de 10 jours – après réception de la notification officielle de la promesse de vente par lettre RAR.

Si vous changez d'avis pendant cette période, une simple lettre recommandée au vendeur, à l'agence ou au notaire et vous sortirez de la vente sans aucun frais.

Passé ce délai, et en l'absence de conditions suspensives incluses dans la promesse/le compromis de vente, vous devrez au vendeur une indemnité légale **de 10 % du prix de la vente** (et réciproquement si c'est le vendeur qui refuse de vous vendre).

Renoncer à l'achat parce qu'une condition n'est pas remplie : techniquement, vous ne changez pas d'avis. Mais la vente n'aura pas lieu.

Parce que vous aurez demandé d'inclure dans la promesse/le compromis de vente une ou plusieurs conditions suspensives (de la vente) qui ne seront pas remplies.

Les conditions suspensives peuvent porter sur :

- l'obtention du crédit : c'est la plus connue – la condition suspensive de prêt ;
- l'obtention d'un permis de construire : pour une piscine, un parking, un agrandissement, une surélévation… ;
- la levée d'une procédure en cours : expulsion d'un squatteur ; expulsion d'un locataire en défaut de paiement de loyer ; servitude contestée ; différend avec l'urbanisme.

Le bon sens prévaudra pour ne pas multiplier les conditions suspensives : cela pourrait décourager le vendeur de vous prendre comme acquéreur ! Une condition suspensive, pour être légale, doit être spécifique et limitée dans le temps.

Une condition suspensive de prêt sera, par exemple, rédigée de la manière suivante :

Sous réserve de la condition que M./Mme XX puisse emprunter XX euros (montant emprunté), à un taux de XX % (taux du crédit) sur une durée de XX ans (durée du crédit). Cette condition suspensive est valable jusqu'au [date].

Pendant tout le temps où elle est active, vous pourrez :

- ne rien faire : la condition suspensive s'éteindra d'elle-même et la vente ira à son terme ;
- lever la condition suspensive, pendant le délai imparti, par lettre recommandée AR. Les sommes versées vous sont alors restituées. La vente n'ira pas à son terme ;
- demander une prolongation de la condition suspensive, si vous voyez que quelques jours supplémentaires vous permettront d'obtenir votre crédit ou votre permis de construire… demande qui devra

être contresignée, *a minima*, par le vendeur (même si certains notaires vous demanderont la signature d'un acte officiel pour prolonger cette condition suspensive, un simple mail contresigné du vendeur avec information au notaire suffit le plus souvent).

Promesse ou compromis ?

Dans la pratique, si vous êtes acheteur, vous n'avez pas vraiment votre mot à dire. C'est plutôt le vendeur qui décidera ou, *de facto*, son notaire.

Légalement, une vente est effective quand le bien (ou le service) change de mains. Lorsqu'il est livré.

La promesse de vente, comme son nom l'indique, est un engagement du vendeur à vous vendre le bien. La vente ne sera effective qu'au moment de la signature de l'acte authentique de vente.

Le compromis, en revanche, est une vente à l'avance. Vous n'êtes pas encore en possession du bien et pourtant la vente est bel et bien faite. Juridiquement, le compromis vaut vente. Pour vous, acquéreur, cela ne change pas grand-chose. Cela change en revanche pour le vendeur.

Dans les deux cas, vous pouvez vous rétracter sans pénalité pendant le délai de rétractation. Passé ce délai, si vous n'allez pas au bout de votre achat, quelle qu'en soit la raison, vous devrez vous acquitter d'un dédommagement de 10 % à verser au vendeur. Ce dernier pourra remettre immédiatement son bien en vente si vous avez signé une promesse. La promesse de vente n'est pas une vente.

En revanche, dans le cas d'un compromis, la vente a été conclue. Légalement, le vendeur ne pourra en récupérer la propriété pour remettre en vente son bien que si le tribunal « casse la vente » et lui en donne le droit ou s'il a été expressément indiqué dans le compromis de vente que les parties ne seront liées qu'à la signature de l'acte notarié.

En tant qu'acheteur, je signe indifféremment une promesse ou un compromis. En tant que vendeur, ma préférence va nettement vers la promesse de vente.

Chapitre 10

Travaux et aménagement

Les travaux

Vous avez choisi d'investir dans un bien à rénover :

- parce que le bien qui correspond à votre projet a besoin d'une rénovation ou d'une adaptation (création d'une chambre supplémentaire…) ;
- parce que vous voulez créer un lieu à votre image ;
- parce que vous visez une plus-value à court terme en revendant très vite votre bien rénové ;
- parce que vous avez intégré que les travaux allaient alléger votre fiscalité si vous louez votre bien en nu (voir au chapitre 6 comment optimiser sa fiscalité).

Vous allez donc avoir à vous confronter aux travaux.

Ce n'est pas la partie la plus simple et c'est pourquoi je voudrais vous donner quelques points de repère pour aborder cette partie de l'investissement immobilier.

Trouver vos artisans

Si c'est la première fois que vous effectuez des travaux, vous n'aurez pas d'équipe constituée et devrez trouver vos artisans pour tous les corps d'état.

Voici la liste des artisans et leurs domaines de compétence.

Selon l'ampleur des travaux, il vous faudra :

- Gros œuvre :
  - un maçon : pour les ouvertures, le coulage des dalles ;
  - un charpentier : pour la toiture, la charpente et parfois la confection des planchers bois ;
  - un terrassier et un paysagiste (si vous avez des extérieurs) : pour creuser les tranchées, amener les canalisations, refaire les allées… ;
  - un menuisier : pour les portes et les fenêtres.

À l'issue de cette phase, le bâtiment sera « hors d'eau et hors d'air » (les ouvertures seront refermées par des fenêtres, la toiture en place… Plus d'eau ou d'air qui rentre dans le bâtiment. On parle aussi d'un bâtiment clos et couvert).

- Travaux intérieurs (second œuvre) :
  - un plaquiste : pour monter les cloisons et l'isolation ;
  - un plombier ;
  - un électricien ;
  - un menuisier pour l'installation des escaliers et la confection des planchers si ce n'est pas le charpentier qui s'en est chargé.

- Travaux de finition :
  - un carreleur ;
  - un peintre ;
  - un menuisier : pour les parquets bois, le montage de la cuisine éventuellement.

Ce sont donc de multiples artisans qu'il vous faudra trouver d'abord, coordonner ensuite.

Voici les principales manières de trouver vos artisans.

Le bouche-à-oreille

C'est la manière la plus simple et aussi la plus fiable.

Vous avez autour de vous quelqu'un qui a refait sa salle de bains, a fait appel à un plombier et un carreleur… il sera d'autant plus content de partager les coordonnées des artisans avec qui il a travaillé que le chantier s'est bien passé.

Et si ça n'est pas le cas, cela vous permettra d'éliminer de votre liste deux personnes peu fiables !

De la même façon, vous avez peut-être déjà travaillé avec un corps de métier, un électricien par exemple, à qui vous pouvez demander s'il connaît un bon plaquiste ou un bon peintre.

L'enjeu de la recommandation est tel qu'il ne vous donnera leurs coordonnées que s'il est sûr que l'artisan recommandé fera du bon travail. Imaginez l'effet domino s'il vous recommande quelqu'un qui n'est pas à la hauteur du travail demandé : il y a toutes les chances que vous l'associiez à votre mauvaise expérience, ne le fassiez plus travailler et ne le recommandiez plus !

L'agence immobilière, le notaire peuvent également être des prescripteurs, même si les contacts qu'ils vous donneront sont à considérer avec plus de prudence : en effet, leur prestation pour vous étant terminée au moment où vous débutez les travaux, l'enjeu n'est pas le même !

Le réseau de votre maître d'œuvre

Il se peut que vous décidiez de faire appel à un maître d'œuvre*. Celui-ci a pour fonction d'assurer le suivi du chantier et de coordonner les artisans. Il a constitué une équipe avec laquelle il a l'habitude de travailler et dont il vous présentera les devis (un ou deux par corps de métier).

Ce sera à vous de choisir, parmi les personnes qu'il vous présente, ceux à qui vous allez confier votre chantier. Vous pouvez choisir sur devis ou demander à rencontrer les artisans. Comme vous pouvez imposer la consultation d'un artisan de votre connaissance si vous avez envie de travailler avec lui.

Si le maître d'œuvre est garant du bon avancement du chantier, vous restez le maître d'ouvrage*... celui qui décide en dernier recours et qui signe les chèques. C'est donc à vous que revient le dernier mot.

Sans maître d'œuvre et sans réseau

Il y aura toujours des cas où vous n'aurez pas les recommandations qu'il vous faut par rapport aux besoins de votre chantier : soit parce que vous êtes nouveau dans la région ou que vous avez peu de contacts dans le bâtiment ; soit parce que le plombier que vous connaissiez est parti en retraite ou n'est pas disponible.

Pour tout un tas de raisons, il faudra vous en remettre au « hasard » :

- d'une pancarte « Réalisé par » accrochée à la façade d'une maison, à un portail ou à un balcon (très fréquent pour les paysagistes !). Ce sont des contacts de bonne qualité. En effet, le professionnel est suffisamment sûr de ses réalisations pour en faire la publicité ! ;
- de Facebook : sur lequel vous pouvez faire une demande dans un groupe d'entraide local ;
- d'Internet : si vous savez vous faire confiance, vous vous baserez sur le site Internet de l'artisan ou son accueil téléphonique pour juger si vous avez envie de le consulter pour votre chantier ;

- du journal de la mairie où vous retrouverez les coordonnées d'artisans locaux.

Choisir vos artisans

Nous avons tous entendu des histoires désastreuses d'artisans partis sans laisser d'adresse, de chantier non terminé, de malfaçons en série ou de chantier réalisé pour deux fois le prix annoncé au démarrage.

Nul n'est à l'abri de ce genre de mésaventures mais elles ne constituent pas non plus le quotidien du bâtiment et il existe bien des artisans sérieux !

Voici néanmoins quelques garde-fous pour éviter les déboires.

Le devis

Avant de signer quoi que ce soit, un artisan vous présentera un devis.

L'étape du devis est une bonne manière de tester le sérieux de votre interlocuteur : vous rappelle-t-il quand vous laissez un message ? Vient-il au rendez-vous ? Est-il ponctuel ? Vous envoie-t-il un devis après le rendez-vous (en respectant le délai que vous avez fixé ensemble) ? Est-il nécessaire de le rappeler ?

Pas de devis, pas de chantier !

Pour autant, de très bons artisans peuvent rencontrer quelques difficultés avec l'administratif : ce n'est pas leur métier. Soyez souple et ne retenez pas cet unique critère pour juger.

Un devis trop flou ou trop global ne sera pas retenu non plus. Tout électricien professionnel sait faire un devis détaillé ! De plus, un devis détaillé vous permettra de comparer plus facilement deux prestations entre elles : l'une des personnes mises en concurrence est-elle moins chère parce qu'elle a sous-estimé certains postes (elle retrouvera la mémoire ultérieurement ! Ne comptez pas sur cela pour payer moins cher !) ? Est-ce que la technique utilisée par l'un ou l'autre peintre est bien équivalente – ou est-ce que c'est la différence de technique qui explique la différence de devis ?

Ce sera à vous d'analyser les devis fournis et de poser les questions qui s'imposent.

Maître d'ouvrage au féminin

Je ne suis pas sûre que cet encart soit particulièrement politiquement correct. Mais il me semble que ce livre ne remplirait pas totalement son rôle si je ne traitais pas le sujet des femmes et des travaux.

Quelques artisans sont encore convaincus que les femmes n'y connaissent rien, que ce ne sont pas elles qui décident en matière de travaux et qu'ils doivent s'adresser à leur mari en exclusivité.

Les femmes qui ont déjà réalisé des travaux et liront ce livre auront probablement d'innombrables anecdotes à partager sur le sujet.

J'en partagerai deux : une visite à la foire de Paris au rayon « chauffage au sol » où certains fournisseurs m'ont expliqué que ce n'était pas la peine de me renseigner sur quoi que ce soit tant que mon mari ne serait pas là, « puisque de toute façon il faudra recommencer ». Et un rendez-vous avec un artisan qui s'adressait exclusivement à mon compagnon, en m'ignorant totalement... Compagnon, pour la petite histoire, bien plus intellectuel que manuel, pour qui le bricolage et les travaux resteront pour toujours un grand mystère !

Bien que certains n'en soient pas encore informés, les femmes ne sont pas systématiquement accompagnées. Elles s'intéressent aussi au bricolage et aux travaux. Elles investissent, seules ou en couple, et sont potentiellement décisionnaires non seulement quant à la couleur du papier peint mais aussi quant au système de chauffage à utiliser (ou toute autre solution technique).

Que vous soyez seule ou en couple, la misogynie de certains constitue un critère de choix comme un autre lorsqu'il s'agit de travailler avec tel ou tel artisan. Il est bon de vous rappeler, Mesdames, que vous aurez à collaborer avec les artisans sélectionnés pendant un certain temps ; que vous êtes les maîtres d'ouvrage (payeurs et donneurs d'ordre) et qu'il est mieux de s'assurer dès le démarrage que la communication passera bien et que vos directives seront prises en compte !

Je choisis, à chaque fois que je fais faire des travaux, de demander des explications sur tous les points des devis qui ne me semblent pas clairs ou qui ne me sont pas familiers.

Je ne cherche pas à être la plus sachante ou à faire bonne figure. Et je veux bien passer pour stupide s'il le faut mais tant que je n'ai pas compris, je n'ai pas compris !

En acceptant de dire « je n'ai pas compris, recommencez votre explication », j'ai souvent mis à jour des explications qui ne tenaient pas la route pour des solutions techniques qui n'étaient pas les meilleures ! Il est si simple d'imposer une mauvaise solution en comptant sur le fait que l'autre n'y verra que du feu et n'osera pas interroger.

Contrôles administratifs

Avant de signer avec un artisan, quelques contrôles administratifs s'imposent : une simple visite sur https://societe.com vous dira si la société est saine financièrement ou s'il s'agit d'une entreprise nouvelle ou en dépôt de bilan.

Une nouvelle société n'est pas forcément à éliminer… Tant mieux qu'il y ait de nouveaux entrepreneurs prêts à se lancer… Vous serez juste plus prudent quant aux acomptes à verser. Il est en effet aussi rapide de créer que de fermer une société !

Autre élément de réassurance, un artisan doit avoir une garantie décennale et/ou assurer son activité (auto-entrepreneur). Ces assurances sont en principe mentionnées sur le devis qu'il vous remet. Pensez néanmoins à lui demander ses attestations d'assurance (à jour !) avant de signer quoi que ce soit.

La garantie décennale, dont on parle souvent, est en réalité très compliquée à actionner. Elle ne concerne que les travaux de structure et ne s'applique pas à un parquet mal collé ou à une infiltration d'eau à la suite d'un joint d'étanchéité manquant dans votre salle de bains. Elle est donc bien moins utile qu'on ne le pense. Néanmoins, elle constitue un gage de sérieux à ne pas négliger.

Les acomptes

Un artisan vous demandera un acompte (30 % traditionnellement) au démarrage du chantier. Pour couvrir les premiers achats et lancer le chantier. Selon l'ampleur des travaux, vous aurez potentiellement 40 % supplémentaires à verser à mi-chantier. Puis le solde en fin de chantier, après la réception des travaux.

Ce paiement échelonné vous protège partiellement des professionnels indélicats. Une fois le premier acompte versé, à vous d'être vigilant à payer en fonction des travaux effectivement réalisés.

Négocier les tarifs

Qui a un jour eu affaire à des artisans sait que les devis obtenus peuvent varier considérablement, du simple au triple – et même davantage. Il est donc extrêmement difficile de s'y retrouver. C'est pourquoi je vous recommande de faire faire 2 à 4 devis pour chaque corps d'état.

Voici également quelques fourchettes de tarifs qui vous permettront d'effectuer une première estimation grossière du montant des travaux à la suite de la visite d'un bien. Comptez :

- 800 à 1 400 euros au mètre carré si vos travaux incluent du gros œuvre (création d'ouvertures, dalle béton, installation d'un assainissement individuel, création d'une surface supplémentaire de plancher, maçonnerie…) ;

- 450 à 800 euros au mètre carré pour des travaux incluant du second œuvre (création d'un réseau électrique, installation d'une salle de bains…) ;
- 200 à 300 euros au mètre carré si vos travaux se limitent à du rafraîchissement : prise électrique déplacée, lavabo déplacé, peinture, sol…

Il peut être tentant de choisir systématiquement l'artisan le moins cher – ou au contraire de faire davantage confiance à l'artisan le plus cher (en imaginant qu'il sera meilleur que les 2 ou 3 autres consultés). L'attitude juste consiste plutôt à vérifier les devis, à s'assurer qu'ils parlent de la même chose et à garder en tête que le montant de la facture finale ne dit rien – malheureusement – de la qualité des travaux. Le juste prix est un art que peu d'artisans maîtrisent.

Je ne peux que vous encourager à vous pencher attentivement sur les devis qui vous seront présentés : cela vous donnera des arguments convaincants pour négocier si vous l'estimez nécessaire.

Voici quelques arguments qui ne devraient pas froisser la susceptibilité des artisans.

- L'argument du nombre : soit que votre chantier soit particulièrement conséquent, soit que vous comptiez enchaîner avec un autre. Dans l'un et l'autre cas, vous demanderez une remise sur la quantité.
- Plus pour avoir moins : votre budget travaux n'étant pas extensible, vous pourriez avoir à renoncer à certains aménagements – ou prétendre y renoncer – pour rentrer dans votre enveloppe budgétaire. « J'ai très envie de faire cela aussi mais mon budget ne me le permet pas. Est-ce qu'on peut faire quelque chose ? Je remets un peu d'argent pour la partie supplémentaire – et vous faites un effort de votre côté. »
- L'argument financier : vous avez atteint la limite de votre budget travaux et la banque ne vous accorde pas de financement supplémentaire.
- L'argument préférentiel : vous avez plusieurs devis dont un qui a votre préférence. « J'ai très envie de travailler avec vous mais vous n'êtes

pas bien placé au niveau tarif. Est-ce que vous pouvez me proposer une remise ? » Votre fournisseur préféré pourrait alors vous faire une contre-proposition qui le positionnera au milieu des offres ; mais ne vous attendez pas à ce qu'il devienne le moins cher !

- L'argument de l'attention : vous connaissez votre dossier et aurez analysé les offres avec attention. Il n'est pas rare que l'artisan ait été un peu vite en besogne, ait « vu grand » et compté des équipements en trop, du matériel surdimensionné (parquet grand passage pour des chambres à coucher, par exemple), des mètres carrés inutiles. C'est votre vigilance qui fera baisser le devis.
- Les arguments techniques : les câbles, les tuyaux, les mètres carrés de placo sont ce qui coûte le plus cher dans un devis. En simplifiant vos plans de salle de bains ou de chambre, vous diminuerez potentiellement la facture finale. « Comment peut-on faire pour que cette salle de bains ou cette cuisine revienne moins cher ? Qu'est-ce que ça changerait si j'optais pour tel ou tel revêtement mural ? »
- Fournir les matériaux : depuis longtemps, les artisans ont pris l'habitude de marger sur les équipements qu'ils vous fournissent. Ils sont donc assez réticents à l'idée que vous puissiez fournir vous-même le carrelage ou les équipements sanitaires. Pourtant, ce qui était cohérent lorsque l'accès aux équipements était réservé aux professionnels, l'est beaucoup moins maintenant qu'Internet vous permet de rentrer en contact avec toutes les offres de tous les fabricants de la planète ! Si vous choisissez cette option, utilisez les arguments du choix, du design ou du respect des délais plutôt que de mettre en avant les économies réalisées : « Compte tenu des délais d'approvisionnement, je n'aurai pas le temps d'aller choisir les faïences de salle de bains et de vous laisser passer la commande. Autant aller plus vite et que je les commande directement » ; « Je veux des mitigeurs très spécifiques pour ma salle de bains. Je les commande et vous les posez ».

Faire appel à un auto-entrepreneur

Vous pourriez être tenté, pour faire quelques économies, de faire appel à un entrepreneur multiservice, en principe moins cher qu'un artisan. Cette solution, tout à fait envisageable pour de petits travaux, présente néanmoins beaucoup moins de garanties qu'un artisan : pas de garantie décennale, une personne potentiellement moins compétente – et plus susceptible de disparaître dans la nature.

Si vous faites appel à un auto-entrepreneur, la fourniture du matériel par vos soins ira par contre de soi.

Vous trouverez un auto-entrepreneur sur Internet, sur leboncoin, un groupe Facebook d'annonces locales ou un site tel que https://jemepropose.com

Voici quelques exemples de matériel et d'équipement que j'ai moi-même fournis sur le dernier chantier que j'ai organisé.

- Les faïences et carrelages : avec 7 salles de bains, les références étaient nombreuses, les délais d'approvisionnement de 6 à 8 semaines selon la provenance et les quantités pour chaque référence assez réduites. Aller choisir les faïences, puis transmettre les références au carreleur qui serait allé les commander lui-même au magasin m'aurait fait perdre beaucoup de temps et d'énergie ! J'ai accepté que la main-d'œuvre « matériel non fourni » soit un peu plus chère que la main-d'œuvre « matériel fourni ». La manière pour l'artisan de récupérer en partie sa marge sur les matériaux.
- Les mitigeurs de lavabo et de douche : parce que je voulais donner un style précis à mes salles de bains.
- Les baignoires ou cabines de douche particulières : une baignoire balnéo, une baignoire patte de lion… parce que le prix à l'unité de chaque pièce justifiait un achat direct (1/3 du prix proposé par le plombier).
- Les convecteurs électriques : les promotions de n'importe quel magasin de bricolage vous permettront d'acheter vos convecteurs à un

prix significativement plus bas que votre électricien pour la même qualité ou la même marque ! Électricien qui pourrait aller peut-être lui-même se fournir au même endroit !

Ce que je ne fournirai jamais cependant : les prises électriques, les interrupteurs, les WC, la peinture… le basique qui ne présente aucune valeur ajoutée.

Dans la catégorie des sujets qui fâchent : le travail non déclaré

J'aimerais que vous trouviez dans ce livre toutes les réponses, y compris pour des sujets que l'on fait semblant d'ignorer d'habitude. Parmi ceux-ci, le travail non déclaré (ou travail au noir) tient une place d'honneur !

La tentation est grande de faire appel à un artisan que l'on va payer en espèces, pour ne laisser aucune trace, moyennant une remise substantielle (ou non !) sur les travaux. C'est oublier que :

- en rémunérant l'artisan de cette façon, vous ne bénéficiez ni lui ni vous d'aucune protection : pas de garantie décennale, pas de facture en cas de revente, pas d'assurance en cas d'accident du travail (et c'est précisément en cas d'accident grave qu'un artisan se retournera contre vous !) ;
- vous ne pourrez pas non plus déduire ces travaux de vos comptes – donc vous ne ferez pas de déficit foncier si vous louez en nu et n'amortirez rien du tout en location meublée !

Les travaux non déclarés reviennent finalement plus chers que les travaux déclarés : vous ne bénéficiez d'aucun avantage fiscal et vous payez des impôts là où vous n'auriez pas dû en payer. Si votre tranche d'imposition est de 25 %, les 10 % ou même 20 % économisés (montant de la remise généralement consentie par l'artisan) sont vite oubliés !

Déclarer vos travaux

Selon les travaux effectués, vous aurez l'obligation ou non de les déclarer en mairie. Nous allons voir les obligations qui découlent des travaux les plus couramment effectués.

Néanmoins il existe beaucoup de travaux différents (construction d'un mur ou d'un châssis, installation de panneaux solaires, etc.) et le code de l'urbanisme n'est pas plus simple qu'un autre. Vous aurez tout intérêt, avant d'entreprendre vos travaux à vérifier, sur Internet d'abord puis à la mairie, les autorisations requises pour les mener à bien dans les règles.

Les travaux sans déclaration ou permis de construire

- Les travaux d'aménagement intérieur, qui n'entraînent pas de transformation extérieure et ne changent pas la destination du bien* : peinture, cloison, sol, aménagement d'une cuisine ou d'une salle de bains.
- Les constructions nouvelles qui ne dépassent pas 5 m^2 de surface de plancher (et dont la hauteur reste inférieure à 12 mètres au-dessus du sol) : c'est le cas d'un abri de jardin, par exemple.
- Une petite piscine dont le bassin a une superficie maximum de 10 m^2.
- Une terrasse de plain-pied.
- Les travaux de ravalement.

Les travaux qui nécessitent une déclaration préalable en mairie

- Les travaux entraînant un changement de destination du bien (de garage à pièce à vivre ; de dépendance à habitation ; d'habitation à local commercial…) sans modification extérieure et sans changement sur les structures porteuses du bâtiment, et présentant une création de surface nouvelle inférieure à 20 m^2.

- Une construction représentant entre 5 et 20 m^2 d'emprise au sol ou de surface de plancher si sa hauteur maximale est de 12 m et 5 m^2 maximum si la hauteur dépasse 12 mètres de haut.
- Une piscine avec un bassin de 100 m^2 maximum (sans couverture ou avec un abri de moins de 1,80 mètre de hauteur).

Le délai d'instruction de la déclaration préalable de travaux est de 1 mois : la mairie où vous l'aurez déposée (contre récépissé) ou adressée par recommandé aura 1 mois pour refuser vos travaux. Sans réponse dans ce délai, les travaux seront réputés acceptés.

La déclaration préalable de travaux, dont vous trouverez le formulaire sur Internet, devra être accompagnée d'un plan de masse* mais ne devra pas nécessairement être signée par un architecte. C'est donc plus simple que le permis de construire, même si la réalisation d'un plan de masse pourra vous sembler compliquée de prime abord.

Les travaux qui nécessitent une demande de permis de construire

- Toute autre construction nouvelle, indépendante d'un bâtiment existant, si elle ne fait pas partie des cas cités précédemment.
- Les travaux sur une construction existante, tels que l'agrandissement d'une maison.
- Les travaux entraînant un changement de destination du bien s'il y a modification de la façade (création d'une ouverture supplémentaire par exemple) ou des structures porteuses.

Le délai d'instruction d'une demande de permis de construire est de 2 mois pour une maison individuelle (éventuellement 3 – il n'est jamais mauvais de vous renseigner auprès de la mairie) : la mairie où vous l'aurez déposée (contre récépissé) ou adressée par recommandé aura 2 mois pour refuser vos travaux ou vous demander un complément d'information (dans ce cas, le délai de 2 mois recommence à courir). Sans réponse dans ce délai, les travaux seront réputés acceptés.

Le dossier à remettre à la mairie (ou à envoyer par lettre recommandée avec AR) comprendra entre autres un plan de masse, un plan de coupe*, des plans et des visuels avant/après.

Qui ne sont pas à la portée de tout le monde.

Bien que sa signature ne soit nécessaire que si la surface de plancher est supérieure à 150 m^2, vous trouverez peut-être utile de faire appel à un architecte pour établir le permis de construire et les plans qui l'accompagnent. C'est une dépense à ne pas négliger (1 000 à 3 000 euros selon l'ampleur de votre projet) qui pourra être réduite en faisant appel à un architecte en ligne, « spécialisé » dans le dépôt des permis de construire.

Notez que vous pouvez déposer une déclaration préalable de travaux ou une demande de permis de construire avant même d'être propriétaire. Une économie de temps précieuse, sécurisée si vous ajoutez dans les conditions suspensives figurant dans la promesse ou le compromis de vente une clause suspensive de la vente à l'obtention de votre permis de construire.

Suivre vos travaux

C'est l'une des parties sensibles des travaux de rénovation. Dans la mesure où plusieurs personnes interviennent en même temps sur un chantier, quelqu'un devra assumer la fonction de coordination. On ne laisse pas un chantier se gérer seul !

Vous devrez donc prévoir :

- soit de passer régulièrement sur votre chantier : tous les 2/3 jours et peut-être même tous les jours lors les phases sensibles – pose du carrelage si vous avez prévu des motifs, sorties électriques, sorties des arrivées d'eau (autant qu'elles soient positionnées au bon endroit !) ;

- soit de faire appel à un maître d'œuvre, chargé de coordonner le travail des différents artisans, si vous n'avez pas le temps ou si vous n'êtes pas sur place ;
- soit de faire appel à une société tous corps d'état (voir l'encadré « Entreprise tous corps d'état ou travaux séparés ? »).

L'idéal sera de démarrer votre chantier par un planning le plus précis possible des interventions des différents artisans. En fonction de l'ordre logique de leurs interventions (on ne fait pas la peinture avant la plomberie !), de leur disponibilité (voir l'encadré « Vos travaux d'après crise sanitaire ») mais aussi de certains délais de livraison qu'il faudra anticiper :

- les faïences se commandent à l'avance pour tenir compte des délais d'acheminement (6 à 8 semaines selon la provenance) ;
- il en va de même pour certains composants (pompe à chaleur, antennes wifi…) que votre électricien ou votre plombier n'auront pas forcément en stock ;
- sans oublier le bois (pour les planchers, charpentes, etc.) dont votre menuisier n'aura peut-être pas la quantité nécessaire sous la main.

De la même façon, vous devrez anticiper les impondérables liés à la météo (on ne coule pas une dalle de béton quand il fait − 5°), les délais de séchage, le passage du Consuel (si l'installation électrique est nouvelle), les délais d'intervention d'Enedis pour l'ouverture des compteurs, etc.

Vous pourrez trouver tout cela « trop compliqué » et le déléguer à un maître d'œuvre (qui ne s'occupera peut-être pas de tout mais vous déchargera de l'essentiel) – ou considérer qu'il n'y a pas meilleure méthode pour apprendre que de se trouver au milieu du jeu. Ce que vous découvrirez pendant votre premier chantier vous rendra d'autant plus compétent (ou compétente) pour le suivant.

Rien n'est rédhibitoire à qui s'intéresse vraiment à son projet, le suit de près, anticipe et s'organise.

Débat : entreprise tous corps d'état ou travaux séparés ?

Il peut paraître plus simple de faire appel à une entreprise « tous corps d'état » plutôt qu'à des artisans ayant chacun leur métier spécifique. En effet, la coordination du chantier est alors assumée par l'entreprise tous corps d'état. Dans un tel cas de figure, le maître d'œuvre n'est plus nécessaire.

Néanmoins, le coût de la coordination se retrouvera dans le devis de l'entreprise. Et c'est une solution à réserver à des chantiers assez conséquents : en effet, les entreprises tous corps d'état, de plus grosse taille, vont en priorité s'intéresser aux chantiers les plus importants.

Qui dit entreprise de grosse taille dit moins de flexibilité.

Le cahier des charges de départ devra être rigoureux et les adaptations du chantier au fur et à mesure seront peut-être plus compliquées.

Derniers conseils

Les travaux sont une véritable école de développement personnel pour toute personne un tant soit peu perfectionniste. Rien n'est jamais parfait… Un chantier encore moins que tout autre chose.

Vous ferez peut-être refaire telle ou telle partie qui vous semble inacceptable mais il faudra savoir lâcher sur bien des choses : un interrupteur mal placé, une porte s'ouvrant dans le mauvais sens, des mesures mal prises qui, à quelques centimètres près, ne vous permettront pas de mettre le meuble dont vous rêviez à l'endroit que vous aviez envisagé, un crépi dont le rendu ne vous satisfait pas totalement (trop tard, il est sec !)…

Rien n'est jamais parfait… et vous n'êtes pas parfait non plus ! Vous n'avez peut-être pas pensé à tout : vous vous apercevrez une fois le chantier lancé que vous avez négligé les éclairages extérieurs… ou que vous voudriez une prise supplémentaire…

Vous prévoirez donc sagement une réserve de 10 % du montant de vos travaux pour les imprévus. Et vous pardonnerez les quelques imperfections que vous ne remarquerez même plus à l'usage.

Vos travaux d'après crise sanitaire

La crise sanitaire de 2020 a très fortement déstabilisé le secteur du bâtiment : la demande des particuliers pour des travaux de construction ou de rénovation s'est fortement accrue (+ 20 % d'achats dans les magasins de bricolage) ; le prix des matières premières a été multiplié par 2 (et parfois par 4) ; certaines matières premières sont en rupture ; la main-d'œuvre n'est pas toujours au rendez-vous.

Vous devez donc vous attendre à 10 ou 20 % de hausse sur les devis futurs de vos artisans – répercussion de l'augmentation des matières premières mais aussi de la loi de l'offre et de la demande.

Depuis septembre 2020, tout corps de métier confondus, les artisans sont surchargés. Et cela pourrait bien durer encore quelques années ! Leurs délais d'intervention sont rallongés d'autant et vous aurez tout intérêt à « réserver » leurs interventions le plus en amont possible.

L'éclairage de l'expert

Quentin Doulcier, créateur de la formation Travaux Rentables

J'ai commencé à investir dans l'immobilier début 2015. Après 2 ans d'investissements, j'ai pu entièrement vivre de mes revenus immobiliers, mais j'ai continué à investir jusqu'à atteindre aujourd'hui plus de 50 appartements – dont plus de 95 % étaient à rénover entièrement.

Aujourd'hui, tout le monde se concentre sur une seule chose pour avoir de la rentabilité : le prix d'acquisition. Mais trouver un bien avec un prix d'achat inférieur au marché, qui permettrait d'avoir 12 % de rentabilité, devient vraiment difficile.

En plus d'essayer d'acheter au meilleur prix, je me suis rapidement intéressé aux biens avec travaux. Moins chers à l'achat que des biens parfaits et sans travaux. Partant de zéro, quand j'ai reçu mes premiers devis, je trouvais tout trop cher. J'ai donc commencé à étudier chaque devis ligne par ligne pour essayer de comprendre et d'optimiser mes travaux car je n'avais pas beaucoup de budget pour mes premiers achats.

Étudier les deux parties d'un devis

Quand on regarde un devis de près et qu'on le décortique, il y a 2 choses qui composent le prix : les matériaux et la main-d'œuvre. J'avais donc 2 pistes de réflexion pour faire baisser les prix.

Les matériaux

J'ai d'abord cherché, comme le font la plupart des gens, à comparer le prix des matériaux, en cherchant les références de ce que l'artisan allait poser et en le comparant à ce que je pouvais trouver de mon côté. À ce niveau-là déjà, l'écart pouvait aller du simple au quintuple ! On me proposait des WC à 200 euros alors qu'en cherchant un peu je trouvais des fournisseurs à 40 euros.

En toute innocence, j'ai d'abord demandé pourquoi un tel écart à tous les artisans. Et les réponses ont toutes été quasiment les mêmes : « Ce n'est pas cher parce que c'est de la mauvaise qualité. »

Têtu et autodidacte, j'ai voulu vérifier par moi-même (depuis toujours, je ne crois que ce que je vois !) et j'ai acheté le WC à 40 euros pour essayer et comparer. J'ai donc annoncé à l'artisan retenu que je m'occupais de l'achat des fournitures et lui ai fourni le WC à 40 euros (sans le lui préciser). Premier constat au niveau de la pose : rien, aucune différence... 40 ou 200 euros... Je tire la chasse, l'eau coule... Mais alors, qu'est-ce que le WC à 200 euros peut bien avoir de plus ?

J'ai fait quelques recherches et il y a effectivement 2 différences :

- la cuvette du moins cher est moins qualitative (mais on peut en acheter une à 15 euros pour compenser) ;
- le système de chasse d'eau est plus « classique » mais fonctionne. Et j'ai changé les boutons de la chasse d'eau au bout de 5 ans sur 2 WC car les locataires en location courte durée ne sont pas toujours très soigneux. 15 euros à rajouter.

J'ai donc un coût de revient de 70 euros sur 5 ans... Pas trop mal finalement.

Depuis, j'ai testé des WC à 200 euros et des WC milieu de gamme à 70 euros. Le constat est le même : si le WC est entretenu, il n'y a rien à signaler. Et si le locataire n'est pas soigneux, la cuvette et le bouton de chasse sont systématiquement à changer. Aujourd'hui, j'achète des WC dans les 60-70 euros et le rapport qualité/prix est top.

De fait, j'ai appliqué ce même principe (tester et vérifier par moi-même) sur tous mes postes de travaux et le constat est le même à chaque fois : quand c'est bien posé, il n'y a pas plus de risques de casse ou d'usure.

Quand on installe un sol, un WC, une cuisine... on pourrait avoir la tentation d'investir dans la meilleure qualité possible pour que ça tienne plus de 20 ans... Mais il ne faut pas oublier une variable importante de l'investissement locatif : en plus de l'usure, il y a la mode... et l'avancée technologique. Achetez un appartement qui n'a pas été rénové depuis 20 ans : quelle que soit la qualité des matériaux d'origine, il y a peu de chances que vous le remettiez en location avec les matériaux d'il y a 20 ans ! Une douche qui a 20 ans sera démodée ; une cuisine d'il y a 20 ans sera peu susceptible de provoquer « l'effet waouh » que l'on recherche ; un WC à 200 euros d'il y a 20 ans ne tiendra pas 20 ans supplémentaires entre le design, les améliorations techniques et l'entretien laissant à désirer.

Un appartement dédié à 100 % à du locatif est en principe rénové tous les 15-25 ans, quel que soit le niveau de finition.

Acheter les matériaux de votre futur investissement oblige à se poser les bonnes questions. On dit que le pas cher coûte cher, oui, mais le cher coûte cher aussi !

Les solutions techniques

Les solutions techniques sont encore plus rentables que le choix des matériaux si l'on comprend bien de quoi il s'agit. Voyons comment mieux dépenser en main-d'œuvre.

Vouloir négocier le taux horaire d'un artisan est la meilleure façon de le braquer... Il vous faudra donc trouver un autre angle pour faire baisser son devis. Et cet angle est relativement simple : il faut qu'il passe le moins de temps possible sur votre chantier.

Pour cela, vous devrez préparer « techniquement » votre rénovation pour simplifier au maximum les interventions des artisans. Ce que nous allons illustrer au travers des exemples suivants.

Vous faites venir un plombier pour refaire la salle de bains de votre investissement locatif avec pour seule consigne : « Faites-moi un devis pour refaire la salle de bains. »

Vous pouvez être certain que pour faire au mieux, ledit plombier vous mettra un maximum de lignes sur le devis pour vous faire « la plus belle salle de bains possible ». Sans tenir compte du fait qu'il s'agit d'un investissement locatif.

Par exemple : votre salle de bains ressemble actuellement à la salle de bains n° 2 de l'illustration ci-après. L'artisan vous propose en rénovation une salle de bains qui ressemble à la n° 6. Votre salle de bains sera très jolie. Vous aurez même une baignoire à la place d'une douche, très pratique pour une famille avec enfants.

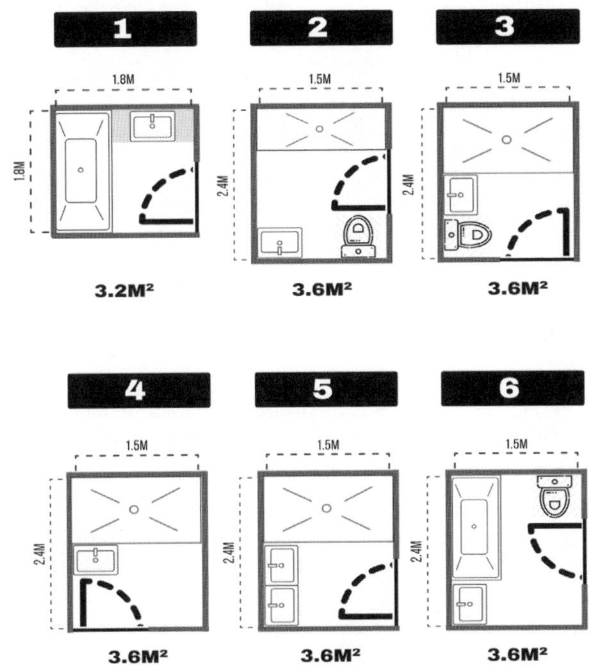

Figure 4 – Exemples d'implantation de salles de bains d'appartement

En revanche, si vous faites un schéma (ne serait-ce qu'un schéma de principe sur une feuille blanche) et que vous cherchez à optimiser les travaux pour que votre plombier y passe le moins de temps possible, vous allez voir votre salle de bains autrement.

Vous allez plutôt partir sur une solution plus simple : soit vous gardez tout simplement l'implantation n° 2, soit vous optez éventuellement pour la n° 3 – ou la n° 5 si vous voulez des WC séparés. Pourquoi ? Parce que ces solutions demandent très peu de travail de plomberie. L'essentiel du travail consistera en un changement d'éléments et/ou de faïence.

Voici quelques autres exemples d'astuces travaux spécial investissement locatif :

• Limiter la faïence au niveau de la douche et jusqu'à 2,20 mètres de hauteur maximum, sans aller jusqu'au plafond : vous économiserez en main-d'œuvre et en matériaux.

• Mettre un point lumineux unique par pièce avec un lustre à spot LED et non de multiples spot LED : vous économiserez entre 400 et 1 500 € par appartement sur votre devis électrique.

• Pour rénover les murs des parties communes (ça marche aussi dans les appartements), faire de la gouttelette écrasée ou de la gouttelette fine au mur (technique de promoteurs !) plutôt qu'une reprise de mur classique. Le gain est de 20 à 40 euros par mètre carré.

• Mettre des réflecteurs derrière les radiateurs = 7 % en moins sur votre facture d'électricité pour 20 euros d'investissement.

• Ne pas forcément mettre de luminaire sur les miroirs de salle de bains. Vous gagnez deux fois : une première fois sur le devis de l'électricien ; une deuxième fois sur le miroir qui va seulement coûter entre 10 et 20 euros au lieu de 100 €.

• Utiliser des interrupteurs radios : vous économiserez entre 500 et 1 000 euros sur un seul appartement.

En utilisant toutes ces astuces mises bout à bout, vous arriverez à faire baisser drastiquement votre coût travaux. J'arrive personnellement à avoir des coûts de rénovation entre 300 et 500 euros le mètre carré avec ces astuces. Pour des appartements loués à plus de 100 euros la nuit, même dans des petites villes.

Pour aller plus loin

Réalisations à retrouver sur la chaîne YouTube de Quentier Doulcier : https://www.youtube.com/channel/UCGLt8QKFFbmp5t8xOMvtrJw

Instagram : https://www.instagram.com/quentindoulcier/

Facebook : https://www.facebook.com/espritmillionnairequentin/

Aménager, meubler

L'immobilier à haut rendement, celui qui vous permettra de vivre de vos investissements, suppose souvent de louer meublé. Par-delà les travaux, vous allez donc avoir à aménager, meubler, décorer votre appartement ou votre maison.

C'est d'ailleurs l'un des attraits de l'immobilier pour qui aime passer du temps à chiner, veut s'essayer à la décoration d'intérieur ou se régale de créer des ambiances. Les autres auront toujours la possibilité, si l'inspiration ou le temps leur manquent, de faire appel à un ou une architecte d'intérieur dont la prestation va de :

- proposer une réorganisation des espaces intérieurs (plan, emplacement des meubles) ;
- proposer une décoration, incluant le style, les couleurs, le thème, des propositions de mobilier ;
- acheter les meubles et les éléments de décoration ;
- jusqu'à meubler et livrer un appartement clefs en main.

La partie « aménagement » est plus chronophage qu'on ne le pense. Même si l'achat par Internet et la livraison à domicile sont des aides précieuses, il n'en reste pas moins que si cette étape ne nourrit pas votre fibre artistique, je vous conseille vraiment de la sous-traiter.

Que vous fassiez ou non vous-même, vous garderez en tête ces trois points :

1. Votre décoration doit être harmonieuse : finies les décorations disparates conçues à partir de meubles récupérés ici ou là, sans ligne directrice. Pour garder une harmonie dans votre logement, choisissez un thème que vous déclinerez dans tout le logement. Exemple de thèmes en vogue : nature, art déco, industriel, bohème chic, scandinave, montagnard (si vous êtes à la montagne), marin (si vous êtes en bord de mer !). Vous trouverez l'inspiration dans les ambiances proposées par certaines grandes enseignes de décoration sur leur site Internet, ou dans des magazines de décoration. Pinterest est également une source inépuisable d'inspiration.
2. Votre bien doit être confortable et facile à vivre : tout le monde se souvient d'une nuit passée à l'hôtel sur un matelas hors d'âge. Vous avez mal dormi et cela a gâché votre séjour ! Proposer une bonne literie, neuve, ferme ou semi-ferme, vous assurera des locataires contents ! Il en va de même pour une maison où il fait froid, où il n'y a pas suffisamment d'eau chaude ou pas d'Internet ! Des éléments de confort auxquels nous sommes désormais habitués et que vos locataires, en colocation, en location longue ou en courte durée, voudront retrouver.
3. L'équipement du logement doit correspondre à son usage. Vous trouverez en annexe 2 la liste des équipements à fournir pour une colocation ou une location courte durée « bien équipée ». Un peu plus que l'équipement minimum d'une location meublée.

Chapitre 11

Mettre en location

Si vous avez investi dans l'immobilier pour en obtenir une rente, il vous reste donc une dernière étape à accomplir avant de récolter les fruits de vos efforts : mettre votre bien en location.

Quel que soit le type d'exploitation que vous aurez choisi, la première démarche pour mettre en location sera celle de l'annonce. Puis vous devrez rentrer en contact et sélectionner vos locataires. Vous trouverez également dans ce chapitre les réponses à quelques questions que se posent souvent les propriétaires quant à la gestion de leurs locataires.

L'ANNONCE

Les photos

Qui dit annonce dit photos. Elles sont là pour déclencher l'envie et, si possible, le coup de cœur.

C'est l'une des raisons pour lesquelles votre décoration doit être harmonieuse : pour offrir l'opportunité de prendre de bonnes photos qui « feront vendre », ou qui, plus précisément, attireront davantage de locataires et vous offriront donc un taux de remplissage supérieur (en location courte durée) ou un choix plus grand de locataires (colocation ou location longue durée).

Quelques conseils pour vos photos :

- Rangez et faites attention aux détails : j'ai une photo magnifique d'une de mes dernières acquisitions… où l'on ne voit que la poubelle que j'avais laissée sur l'un des côtés de la maison ! Erreur de débutante et photo inexploitable !
- Soignez la lumière… ou retouchez votre photo pour qu'elle soit lumineuse.
- Prenez la pièce dans son ensemble. Demandez à vos amis si l'un d'entre eux a un grand-angle ou faites appel à un photographe professionnel équipé. Certaines pièces sont plus difficiles à photographier que d'autres (pas suffisamment de recul).
- Rajoutez un élément vivant sur la photo : mise en scène (lit fait, table dressée) ; plante ou fleurs ; lampe allumée ; voire votre chat, votre chien ou votre poisson rouge qui passerait par là.
- Prenez la photo à hauteur de meubles (1,20 m du sol) plutôt qu'à hauteur d'homme : la pièce sera davantage mise en valeur.
- Certaines photos sont là pour donner envie ; d'autres pour rassurer : salle de bains propre, dressing avec de la place pour ranger ; garage ou cave ou grenier… N'oubliez pas non plus ces photos-là.

Même pour un appartement loué nu, vous pourriez trouver intérêt à prendre des photos incluant quelques éléments de décor. Il est souvent plus facile de se projeter dans un appartement habité. Un tapis, un grand bouquet de fleurs, un fauteuil… pas besoin de sur-meubler… juste de donner au lieu un début d'âme !

Rédiger votre annonce

L'annonce que vous rédigerez devra être précise et attractive.

- Mettre en avant les points forts du bien : la localisation (« proche commerces » ; « arrêt de bus au pied de l'immeuble » ; « vous irez à pied au centre-ville ») ; la vue (« vue sur le Sacré-Cœur » ; « vue sur mer ») ; l'environnement (« extrêmement calme »).
- Le décrire avec précision : surface, nombre et répartition des pièces, etc.
- Annoncer les conditions financières : le prix et ce qu'il inclut – avec ou sans charges incluses, quelles charges, les garanties demandées au locataire…
- Vous mettre à la place du locataire potentiel et des informations qu'il aimerait trouver avant de postuler pour louer votre bien.

Publier votre annonce

Les sites où publier vos annonces dépendent principalement du type d'exploitation que vous envisagez. Voici quelques incontournables.

Location meublée longue durée

Leboncoin reste la meilleure option si vous voulez passer en direct, sans faire appel à une agence (voir plus bas l'encadré « Gérer soi-même ou déléguer ? »).

Le côté généraliste de cette plateforme la rend également utilisable pour la colocation ou la location courte durée, au côté de sites plus spécialisés.

Colocation

Les sites spécialisés dans la colocation sont nombreux : inutile de poster une annonce sur tous les sites. Un ou deux sites devraient suffire à vous aider à trouver vos colocataires.

Voici les principaux sites spécialisés dans la colocation :

- https://appartager.com
- https://lacartedescolocs.fr
- https://recherche-colocation.com
- https://locservices.fr

Ils ne sont pas toujours gratuits – soit vous payez pour la publication de l'annonce, soit vous payez pour des services qui donneront de la visibilité à votre annonce. Et ce sont le plus souvent les propriétaires qui payent (« annonceurs » dans le langage de la publicité).

La location courte durée

Pour rappel (voir notre description de la location courte durée au chapitre 5), vous aurez à disposition des sites facturant à la commission – tels qu'Airbnb ou Booking – et des sites qui vous factureront une contribution fixe à l'année.

Mon conseil, si vous mettez un nouveau bien en location courte durée : multipliez les points d'entrée – à la commission et avec contribution fixe à l'année. Ne serait-ce qu'entre les trois grands du secteur, Airbnb, Booking et Abritel, nul ne sait vraiment pourquoi certains biens se louent facilement sur Airbnb et pas sur Booking ; quand d'autres ont de multiples réservations via Booking – et quasiment rien sur Airbnb !

La multiplication du nombre d'annonces aidera votre référencement*. Et il sera toujours temps, l'expérience aidant, de supprimer les sites les moins rentables.

La sélection des locataires

En colocation ou en location longue durée, votre objectif premier, en tant que propriétaire bailleur, est bien sûr de vous assurer que votre locataire payera son loyer tout le temps que durera sa location.

Il n'y a malheureusement pas de formule magique pour cela. Un locataire sympathique, avec d'excellents revenus et toutes les garanties souhaitées, pourrait arrêter très vite de payer son loyer ; quand une personne dont le dossier est moins solide et la situation financière plus tendancieuse s'avérera une locataire fiable et régulière dans ses paiements.

Savoir qu'à peine 2 % des propriétaires entament une procédure pour loyers impayés ne vous consolera pas davantage si c'est à vous que cela arrive !

Faute de formule magique, vous essayerez de limiter les risques :

- en vous faisant confiance et en vous fiant à votre intuition : combien de fois ai-je entendu des propriétaires dire « je savais que je n'aurais pas dû prendre ce locataire ! » ;
- en respectant à la lettre les règles et conditions que vous vous êtes fixées : le versement du dépôt de garantie avant l'entrée dans les lieux ; la présentation de l'assurance le jour de l'entrée dans les lieux, etc. ;
- en prenant une garantie : un garant ou une garantie VISALE (mais pas les deux, c'est interdit !) :
  - le garant peut être demandé à n'importe qui, même s'il peut paraître étrange de demander à un locataire adulte, salarié, peut-être père de famille, d'avoir quelqu'un « qui se porte caution » pour lui. Réclamer un loyer impayé à un garant n'est pas si simple : cela demande de respecter un certain formalisme et de passer par la case tribunal. Mais demander que quelqu'un se porte caution n'en demeure pas moins dissuasif,

– la garantie VISALE d'Action Logement concerne toutes les personnes de moins de 30 ans et les salariés de 31 ans et plus. Elle couvre les loyers impayés (36 impayés de loyers et charges locatives) et les dégradations locatives (dans la limite de 2 mois de loyers et charges) ;

- en s'assurant du « reste à vivre » de votre locataire, une fois le loyer payé. La coutume veut que l'on demande à un locataire de justifier de revenus au moins égaux à trois fois son loyer. C'est un usage et non une loi. Libre à vous de fixer la barre plus ou moins haut ! Ou de ne pas avoir de barre du tout. Cependant, plus le reste à vivre de votre locataire sera significatif, une fois le loyer payé, moins il y a de risques que vous rencontriez des accidents de paiement ;
- en plus de la caution, vous demanderez probablement à votre locataire un dépôt de garantie pour couvrir les éventuels dégâts et frais de remise en état à son départ. Le dépôt de garantie (1 mois pour une location nue/2 mois pour une location meublée) n'est pas censé remplacer les loyers impayés – ni les loyers dus pendant le préavis de départ de votre locataire. Les loyers sont payables jusqu'à la fin, y compris lorsque votre locataire vous a donné son préavis. Il n'empêche que vous vous sentirez probablement psychologiquement plus confortable tant que les éventuels impayés ne dépasseront pas le montant du dépôt de garantie.

Débat : prendre une assurance loyers impayés ?

Une assurance loyers impayés, comme son nom l'indique, permet de vous couvrir en cas d'impayés de la part de votre locataire. Elle prend également en charge les frais de procédure en cas d'expulsion du locataire. Mais elle n'est pas gratuite : elle coûte généralement entre 2 et 5 % du loyer annuel, charges incluses.

Cette charge supplémentaire, qui impacte votre rentabilité, est-elle justifiée ? Rappelons d'abord que la garantie VISALE est l'équivalent d'une garantie de loyers impayés gratuite. Et qu'il est interdit de cumuler assurance loyers impayés et caution.

Si vous deviez opter pour une assurance loyers impayés, sachez que toutes n'assurent pas de la même façon :

- certaines ne couvrent les loyers impayés que pendant 24 mois par exemple ; ou avec un plafond d'indemnisation ;
- d'autres offrent des garanties supplémentaires : remboursement des dommages – souvent plafonnés ! ;
- certaines assurances souscrites en cours de bail appliquent un délai de carence de 2 ou 3 mois.

Au vu du coût de l'assurance loyers impayés et des éventuelles limitations de garantie, je vous recommanderais plutôt la garantie VISALE – ou la prise d'une caution.

La gestion du bien

Location courte durée mise à part, qu'il s'agisse de colocation ou d'une location traditionnelle, les tâches nécessaires à la gestion du bien sont sensiblement les mêmes.

Au démarrage, vous aurez donc à :

- répondre aux demandes de renseignements (par mail) ;
- recevoir et peut-être filtrer les candidatures (par mail) ;
- faire visiter ;
- sélectionner le locataire ;
- lui faire signer son bail (à préparer) ;
- faire un état des lieux d'entrée contradictoire (en sa présence) et lui remettre les clefs.

À partir de là, le locataire est « chez lui ».

Cela peut prendre plus ou moins de temps selon que vous êtes sur un marché tendu ou non. Mais retenez que vous pourriez regrouper les visites sur une journée, si vous souhaitez assurer vous-même la gestion (voir l'encadré ci-après).

Avec une demi-journée supplémentaire (le lendemain) pour signer le bail et faire l'entrée dans les lieux, cela vous aura pris 2 jours pour louer un logement.

Dans le cadre d'une colocation, vous pouvez même mettre les colocataires déjà en place à contribution pour vous simplifier la tâche : en leur déléguant les visites et la sélection des candidatures (vous aurez néanmoins le dernier mot), vous vous assurez du bon fonctionnement futur de la colocation. Si un futur locataire ne plaît pas aux locataires déjà en place, ils sauront vous le dire.

Pendant la durée de la location, votre tâche reviendra à :

- vérifier le paiement des loyers (par virement) en début de mois ;
- relancer les impayés éventuels ;
- répondre aux locataires en cas de problème ;
- faire effectuer les réparations si elles sont à votre charge ;
- faire des quittances (sur demande) ;
- faire la régularisation annuelle des charges si vous prenez une provision pour charges et non un forfait (c'est l'une des raisons pour lesquelles je préfère mille fois un forfait de charges !) ;
- calculer les augmentations de loyer une fois par an.

Si c'est prévu dans le bail, vous pourriez aussi avoir à organiser un ménage hebdomadaire, mensuel ou trimestriel du logement.

Dans tous les cas, un artisan ou un auto-entrepreneur local dans lequel vous avez confiance peut être un plus. Mais trouver un plombier ou un électricien se gère aussi avec un téléphone et Internet. Pas toujours besoin d'être sur place. Le diagnostic peut se faire à partir des photos qu'aura prises votre locataire. Le règlement de l'artisan ne demande pas non plus la remise d'un chèque en main propre : un virement est bien plus rassurant !

Au départ du locataire, les opérations de sortie demanderont une nouvelle visite sur place pour :

- faire l'état des lieux contradictoire de sortie ;
- évaluer le besoin de travaux de remise en état ;
- selon les cas : remplacer les équipements usagés (meublé) et faire la remise en état ;
- ou voir avec l'artisan qui s'en occupera si la remise en état est plus conséquente.

Avec un peu d'organisation, cela pourrait vous prendre 1 à 2 jours sur place, à chaque changement de locataire (une fois par an au pire ; mais peut-être tous les 3 ou 4 ans si un locataire s'installe durablement).

Vous aurez également à lui restituer sa caution (entamée des frais de remise en état signalés dans l'état des lieux de sortie, si besoin).

Cela demande-t-il de passer par une agence ? C'est ce que nous allons voir dans l'encadré ci-dessous.

Débat : gérer soi-même ou déléguer ?

Si vous faites appel à une agence, celle-ci mettra en place vos locataires (visites, sélection et proposition du meilleur dossier) ; elle encaissera les loyers et vous reversera ce qui vous revient ; elle sera l'interface entre vous et vos locataires : c'est elle qui recevra les appels et orchestrera les éventuelles réparations à votre charge.

Pour cela, une agence facturera de 6 à 10 % du montant des loyers annuels (charges comprises). Le prix de la tranquillité ? Peut-être...

Il est sûr que le nombre de vos locataires, l'éloignement géographique, le temps dont vous disposez seront autant d'éléments de l'équation finale.

Mais c'est aussi un coup de canif non négligeable dans votre rentabilité – et votre efficacité.

Comme tout intermédiaire, l'agence gère pour vous : vous êtes un dossier parmi d'autres.

Un appartement qui n'est pas immédiatement reloué, des travaux qui traînent un peu... ont moins d'impact pour elle que pour vous.

Je vous conseillerais donc d'avoir recours à une agence si votre emploi du temps ou le nombre de vos locataires ne vous permettent pas de faire face. Mais de vous en passer s'il s'agit uniquement d'éviter d'avoir un locataire en direct (rarement !) et d'encaisser des loyers payés automatiquement par virement.

Un bien, un financement, des travaux, un locataire... Sans prétendre qu'il n'y a plus rien à faire, le plus gros est fait. Il ne reste plus qu'à encaisser les loyers ! Et les déclarer aux impôts une fois par an.

Gagner de l'argent dans l'immobilier, c'est accepter d'investir du temps dans la mise en place d'un système qui paiera indéfiniment – ou presque.

Les erreurs à ne pas commettre

- Les paroles s'envolent, seuls les écrits restent : les promesses de financement ne sont que des promesses tant que vous n'avez pas l'offre de prêt entre les mains.
- Et vous ne vous engagerez pas sur la foi de promesses – même si elles viennent d'un banquier.
- N'attendez pas la bonne affaire : les bonnes affaires se créent.
- L'immobilier ne se fait pas derrière un ordinateur : sortez de chez vous, faites des visites, rencontrez les artisans et les banques... L'immobilier se fait sur le terrain.
- Ne décidez rien sans avoir consulté votre calculatrice.
- Vous n'obtiendrez jamais plus que ce que vous avez demandé. Et vous n'obtiendrez que si vous demandez !
- Sachez ce que vous pouvez ou non négocier – pour ne pas perdre toute crédibilité.
- Négocier, ce n'est pas penser à soi mais penser aux intérêts de la partie adverse : le vendeur (rapidité, sécurité, tranquillité), le banquier (sécurité), les artisans (rapidité, facilité, marge).
- Adoptez une démarche professionnelle... pour le dossier bancaire comme pour la gestion de vos biens.

Partie 4

QUEL IMMOBILIER, QUELLE QUE SOIT VOTRE SITUATION

S'il est facile d'investir quand vous avez entre 20 et 50 ans, un revenu salarié, un peu d'épargne et pas de dette, qu'en est-il si vous avez plus de 50 ans ? Si vous n'avez pas d'épargne ? Si vous n'êtes pas salarié ? Si vous avez des ennuis de santé ? Si vous avez dépassé votre capacité d'endettement ou si vous avez des comptes dans le rouge ?

Je ne prétends pas que l'on peut investir dans l'immobilier quelles que soient les circonstances : à ce jeu-là, vous trouverez toujours un cas où il n'est pas possible d'investir ! Mais ce livre s'adresse à des lecteurs ordinaires, dont la situation n'est pas nécessairement idéale sous tous rapports… Or, dans bon nombre de circonstances apparemment défavorables, un montage ou une approche particulière pourront vous permettre d'investir « quand même ». Car je tiens à ce que vous perceviez l'immobilier comme une solution d'enrichissement pour tous et non réservée à une élite.

C'est ce que nous allons explorer maintenant.

Chapitre 12

L'immobilier après 50 ans

Tout le monde ne pense pas à investir dès son trentième anniversaire, âge « béni » où nous avons le plus souvent une activité professionnelle rémunératrice, une espérance de vie de plusieurs dizaines d'années – et des charges familiales encore faibles.

Si vous êtes comme moi, vous ne vous serez intéressé à vos finances personnelles et à l'investissement qu'après 40 ans (j'ai réalisé mon premier investissement à 44 ans). Et peut-être même après 50 ans !

La question que tout le monde se pose alors est simple : vais-je pouvoir investir après un certain âge ?

Il est toujours possible d'investir après 50 ans, sans faire de crédit, suite à la revente d'un bien acheté précédemment, en utilisant une somme d'argent reçue en héritage – ou parce que vous avez réalisé des économies tout au long des années précédentes. Mais un banquier va-t-il accepter de vous prêter passé 45 ou 50 ans ?

REPOUSSER L'ÂGE LIMITE

Il ne s'agit pas tant d'un problème de prêt que d'un **problème d'assurance** : pour tout crédit, vous devez souscrire une assurance de prêt qui garantit à la banque qu'elle sera payée même si vous décédez avant le remboursement intégral de votre dette.

Il va sans dire qu'au-delà d'un certain âge, la probabilité que vous décédiez avant la fin de votre crédit devient plus forte : l'assurance de prêt sera alors relevée d'une surprime. Elle vous coûtera plus cher qu'à 20 ans mais ne vous sera pas refusée pour autant.

Il arrive que l'assurance de prêt proposée par l'organisme prêteur devienne impossible ou beaucoup trop chère. Vous pouvez alors faire jouer les lois récentes sur la délégation d'assurance, qui vous permettent de substituer à l'assurance de l'organisme prêteur tout autre organisme, pour peu que les garanties soient identiques.

Les offres d'« assurance emprunteur senior » sont de plus en plus nombreuses – et facilement identifiables sur Internet. L'espérance de vie augmentant, vous pourrez trouver des assureurs prêts à vous assurer jusqu'à 80 ou 85 ans. Jusqu'à 60 ou 65 ans, vous pourrez donc emprunter sur 20 ans.

Passé 55 ans, vous ajusterez la durée du crédit :

- de 65 à 70 ans, vous emprunterez sur 15 ans ;
- de 70 à 75 ans, vous emprunterez sur 10 ans.

Et vous ajusterez votre apport pour que la règle d'or vue en deuxième partie de ce livre reste d'actualité et que vos revenus immobiliers couvrent vos sorties (charges + emprunt).

En jouant sur la durée du crédit et sur le montant de votre apport, vous avez déjà repoussé la « limite d'âge » de votre emprunt à 70 voire 75 ans. Passé 75 ans, vous devrez trouver d'autres solutions pour pouvoir continuer vos investissements (ou investir pour la première fois !).

Témoignage

Sylvain H.

« J'ai investi dans une colocation avec prêt bancaire, à 60 ans et au chômage. »

Mon histoire a commencé avec le confinement. Je suis alors opticien dans un magasin appartenant à la grande distribution. Je reçois un coup de téléphone de l'agence d'intérim le 16 mars 2020 qui me demande de rester chez moi jusqu'à nouvel ordre. Fin mars, je me retrouve au chômage pour la première fois de ma vie : rupture de contrat unilatéral.

Je me demande ce que je peux faire et je commence à m'intéresser à l'immobilier. Je me forme et je commence à regarder les annonces dans une ville de 112 000 habitants (nombreux étudiants, zones d'activités dynamiques). À 1 h/1 h 30 de chez moi en voiture.

En mars 2021, je me focalise sur un appartement de 111 m² au 1er étage avec balcon. Le bien est situé à 100 mètres d'un écoquartier en développement. Le bien est négocié à 174 000 € FAI. Tout est à refaire pour une colocation de 5 chambres : électricité, plomberie, parquet, chauffage, 2 salles de bains, une salle d'eau et 2 WC dont un séparé, et une cuisine ouverte à créer dans le salon/salle à manger.

Un gros chantier... et un beau défi !

Compromis de vente signé fin juin

La recherche de la banque se fait en juillet par l'intermédiaire d'un courtier contacté par relation, étant donné mon profil (60 ans, au chômage, mais ayant de l'apport et aucun crédit en cours, propriétaire de mon habitation principale).

Refus de nombreuses banques (chômage et/ou 60 ans) dont ma propre banque où je suis depuis plus de 30 ans.

Acceptation par plusieurs banques à des taux très élevés (entre 1,3 % et 1,57 % hors assurance), sans délégation d'assurance (taux de 0,50 % à rajouter au taux du crédit, avec obligation de s'assurer sur 2 têtes), pas d'exonération pour remboursement anticipé ni différé partiel ou total.

Mon courtier sollicite finalement une banque avec laquelle il a l'habitude de travailler et qui est parfaitement en phase avec mon profil d'investisseur.

Prêt accepté le 27 septembre.

197 400 € empruntés sur 20 ans pour un investissement total (travaux compris) de 275 000 €.

Pas de frais de dossier bancaire.

Exonération d'indemnités de remboursement anticipé après 5 ans.

Différé partiel de 24 mois.

Délégation d'assurance pour ma femme à 100 % à un taux de 0,376 %.

Pas d'assurance pour moi.

La signature de l'acte authentique est prévue pour le 3 novembre.

Début des travaux début novembre et recherche des colocataires dans la foulée.

La SCI multi-génération

Une SCI* est une « société civile immobilière » qui, dans sa formule la plus classique, permet d'acheter de l'immobilier à plusieurs. Chaque associé détient des parts de la SCI et reçoit une part des bénéfices à proportion des parts qu'il détient. Les parts de la SCI que vous détenez dépendent de votre investissement **dans le capital de la société**.

Par exemple, vous vous associez avec votre voisin : vous décidez, vous et lui, de créer une SCI avec un capital de 1 000 euros (il n'y a pas de capital minimum pour une SCI). Vous investissez 600 euros, lui 400 euros… vous avez donc 60 % des parts, 60 % des droits de vote (la majorité) et 60 % des bénéfices.

Dans le cas le plus simple, si vous louez votre bien immobilier en nu, la SCI sera dite transparente ; les revenus issus de la SCI seront considérés comme des revenus fonciers.

Vous compléterez votre déclaration d'impôt du formulaire 2072 C ou 2072 S, spécifique au calcul des bénéfices de la SCI. Et vous intégrerez à votre feuille d'impôt la part des bénéfices de la SCI qui vous revient – 60 % dans notre exemple.

C'est relativement simple et à la portée de tous. Vous pouvez donc vous associer avec votre voisin, mais aussi avec un ou plusieurs de vos enfants (ou petits-enfants).

Associés majeurs

Théoriquement, l'associé d'une SCI peut être un mineur, représenté par son représentant légal.

En pratique, les banquiers n'aiment pas prêter à une SCI dont les associés sont mineurs. En effet, si les statuts ne prévoient pas de limiter la responsabilité du ou des associés mineurs au montant de leurs apports, la banque aura l'obligation de solliciter l'autorisation du juge des tutelles avant d'engager la responsabilité de l'associé mineur (dans une SCI, les associés sont indéfiniment responsables des dettes de la société – sans limitation – au prorata de leurs parts dans le capital social).

Et si les statuts peuvent effectivement limiter la responsabilité du ou des associés mineurs au montant de leurs apports, cette clause ne sera réellement protectrice que si la banque renonce expressément à poursuivre les associés mineurs.

Les banques n'ayant envie de s'embêter ni avec l'autorisation du juge des tutelles, ni avec la renonciation à poursuivre, le mieux est souvent d'éviter d'associer un mineur à une SCI si vous devez recourir à un emprunt bancaire.

Exemple d'une SCI multi-génération

Imaginons donc que vous ayez 70, 75 ou 80 ans. Un fils ou une fille entre 35 et 50 ans.

- Votre situation : vous souhaitez investir dans un bien immobilier. Vous êtes à la retraite… Donc, quel que soit le montant de celle-ci, vous disposez d'un revenu constant et sans risque aux yeux d'un banquier. Mais vous avez « passé l'âge » pour que celui-ci accepte de vous prêter. Vous avez peut-être un peu d'argent de côté que vous souhaitez investir comme apport. Imaginons 30 000 euros.
- Votre fils ou votre fille : est en âge d'emprunter. Il ou elle dispose également de revenus… Peut-être moins stables que les vôtres mais cela n'a pas tant d'importance, justement parce que vous êtes là ! Il ou elle n'a pas spécialement d'apport – ou ne souhaite pas investir dans votre projet pour l'instant.

Vous pourriez créer, avec votre enfant, une SCI avec un capital de 1 000 euros. Vous investissez 800 euros (sur les 1 000 euros de capital) et avez donc 80 % des parts. Votre enfant investit 200 euros – et récupère donc 20 % des parts.

Le reste de votre apport (29 200 euros) sera inscrit en compte courant d'associé (en termes simples, il est inscrit dans les comptes de la société que vous avez avancé à la SCI une certaine somme… que la société pourra vous rembourser – sans fiscalité ! – ou qui restera dans les comptes comme une dette de la société à votre endroit).

Vous trouvez le bien à acheter et allez à la banque demander un emprunt (important : c'est la SCI qui emprunte, pas vous !). La SCI peut faire valoir :

- un apport de 30 200 euros (le capital + votre compte d'associé) ;
- deux associés dont la surface financière est constituée de l'addition de vos revenus et de ceux de votre fils ou de votre fille.

C'est cette surface financière, additionnée de 70 % à 100 % des revenus locatifs futurs de la SCI (cela peut varier d'une banque à l'autre), qui servira de base au calcul de la capacité d'emprunt de la SCI.

Avantage numéro 1 : mathématiquement, cette surface financière sera plus importante que votre seule retraite !

Avantage numéro 2 : comme pour tout emprunt, la banque aura besoin que le prêt soit assuré. En raison de votre âge, elle ne voudra pas vous assurer… Donc l'assurance de prêt sera sur la tête de votre fils ou votre fille uniquement.

Vous serez par contre tous les deux cautions solidaires de l'emprunt de la SCI.

Vous serez en droit de récupérer 80 % des revenus de la SCI ; votre enfant, qui n'a investi que 200 euros et vous a prêté sa surface financière et sa capacité à assurer l'emprunt, récupérant les 20 % restants.

Ajustements : je suis partie sur une répartition 20/80 des parts sociales et des bénéfices.

En théorie, 1 % des parts suffit. En pratique, un banquier pourrait refuser d'assurer le crédit sur la tête d'un associé si peu impliqué – ou de prendre en compte ses revenus dans la surface financière de la SCI !

Comme pour tous les montages financiers que nous explorons dans ce livre, il est indispensable de rester raisonnable et crédible dans ses prises de position.

SCI et location meublée

Dans sa version « classique », la SCI est réservée à l'acquisition de biens immobiliers mis en location nue. Les revenus issus de la SCI, à proportion de vos parts dans la société, sont rattachés à vos revenus personnels en tant que revenus fonciers.

Il est néanmoins possible de faire de la location meublée via une SCI. Celle-ci fonctionne, *de facto*, comme une **société commerciale** (pour rappel, la location meublée est considérée par le fisc comme donnant lieu à des revenus commerciaux – BIC). Elle ne pourra donc plus être « transparente » (revenus directement reportés sur votre feuille d'impôt et soumis à l'impôt sur le revenu, vous appartenant à hauteur de vos parts dans le capital).

La société sera dite « opaque », avec une déclaration d'impôt bien à elle – qui nécessitera de faire appel à un comptable, sauf si vos compétences en comptabilité vous permettent d'en tenir vous-même la comptabilité et d'en éditer la liasse fiscale annuelle.

- Vous serez redevable de l'impôt sur les sociétés, au titre de la SCI.
- Vous ne pourrez pas disposer librement de la trésorerie de la société, qui lui appartiendra et non plus à vous.
- Vous vous verserez des dividendes – en vous acquittant à titre personnel de la fiscalité sur les dividendes… ou réinvestirez les bénéfices de la SCI dans l'acquisition d'autres biens immobiliers.

Outre la possibilité examinée ici de repousser les limites de l'âge, la SCI offre également la possibilité de construire un « empire immobilier » avec une fiscalité moindre ; de transmettre son patrimoine à ses enfants sans les lourdeurs de l'indivision ; de faciliter les associations entre personnes non héritières les unes des autres.

Chapitre 13

Acheter de l'immobilier sans apport

Dans l'idéal, il vous aurait fallu anticiper et mettre de l'argent de côté pour que, le moment venu, vous disposiez d'un apport suffisant pour assurer votre crédibilité auprès du banquier.

Car il s'agit bien de crédibilité et de facilité : quel que soit le montant de votre acquisition immobilière, vous obtiendrez plus facilement un accord de votre banquier si vous avez suffisamment d'apport pour couvrir, *a minima*, ce qui ne peut pas faire l'objet d'une hypothèque : les frais de notaire et les frais d'agence. D'autre part, plus le montant investi sera important, plus il vous sera demandé de financer en propre (avec votre apport) 25 à 30 % de votre investissement.

C'est, en définitive, assez sain : tout projet immobilier comporte une part de risque. Il est normal, après tout, qu'un banquier vous demande de participer au risque avec vos propres deniers !

C'est pour ces deux raisons, la facilité et la crédibilité, que je n'ai jamais rechigné à mettre un apport sans lequel, vu le montant de mes investissements (plus de 500 000 euros à chaque fois), je n'aurais probablement jamais pu investir !

Mais il est des cas où nous sommes pris au dépourvu. Où nous n'avons pas les économies nécessaires pour constituer un apport. Où nous préférons garder nos économies pour l'aménagement et les travaux plutôt que pour l'achat lui-même. La porte du crédit ne vous sera peut-être pas fermée pour autant.

Il y a apport et apport

Comme l'état de vos comptes, des économies, même petites, donnent au banquier un signal positif (ou négatif) quant à votre responsabilité financière.

Elles lui indiquent que :

- vous êtes responsable ;
- vous savez gérer ;
- vous êtes conscient des éventuels imprévus qui pourraient demander d'avoir une réserve en cas de coup dur ;
- vous êtes prêt à faire les efforts qu'il faut pour atteindre votre objectif.

Dans l'imaginaire d'un banquier, comme dans l'imaginaire collectif, la fourmi inspire nettement plus confiance que la cigale !

Tout candidat à un crédit immobilier aura donc à cœur de présenter à son banquier des comptes préparés et équilibrés. **Pendant les 3 mois** que le banquier prendra en considération.

Exemple : si vous frappez à la porte d'une banque en septembre en vue de déposer un dossier pour un crédit, la banque vous demandera vos

3 derniers relevés de compte, soit juin, juillet et août. Trois petits mois pendant lesquels il serait préférable :

- d'éviter les découverts et autres incidents de paiement ;
- de vous abstenir de laisser des traces vers des sites peu recommandables aux yeux d'un banquier : achat de cryptomonnaie, jeux de hasard… ;
- **d'éviter les virements** pour des charges récurrentes (subside à vos enfants, complément de retraite pour vos parents…) : elles seront considérées comme grevant votre reste à vivre. Cela ne signifie pas qu'il faut supprimer ces charges… mais trouver un moyen de les verser de manière moins systématique et récurrente ;
- de bannir tout mouvement entre les comptes que vous présenterez au banquier et un compte secondaire sans importance que vous préféreriez omettre de mentionner. (C'est mon cas : j'ai un compte actif qui me sert à titre principal. Et un compte secondaire, inactif à l'exception d'un prélèvement mensuel pour une mutuelle, que je m'abstiens de présenter si rien ne m'y force pour éviter encore plus de papiers et de justifications !) ;
- de mettre en place un virement récurrent vers un compte d'épargne, quel qu'en soit le montant : il prouvera votre sérieux et viendra gonfler le montant de votre apport, le moment venu ;
- de solder un éventuel crédit à la consommation (si possible) qui sera plutôt un signal de mauvaise que de bonne gestion et réduira d'autant votre capacité de remboursement mensuel.

Quelques milliers d'euros pourraient suffire pour obtenir un accord du banquier, que vous pourriez obtenir :

- avec un programme d'économies pendant les 4 à 6 mois de votre recherche immobilière (et même avant si vous pouvez anticiper davantage !) ;

- en ayant mis en place un PEL (plan épargne logement) considéré comme un apport par la banque ;
- en empruntant momentanément la somme à un proche (petite astuce qui permet parfois de redorer le blason de ses comptes pour une période limitée).

Emprunter sans apport

Le Haut Conseil de stabilité bancaire (HCSB) a récemment durci ses consignes quant à l'octroi de crédits par les établissements bancaires. Il est donc plus difficile, à l'heure où ce livre est édité, d'obtenir un crédit bancaire qu'avant, si vous dépassez le taux d'endettement de 35 %, si vous n'avez pas d'apport ou si votre reste à vivre* est insuffisant.

Vous aurez donc peut-être davantage de banques à consulter avant d'obtenir un crédit sans apport. Ne vous découragez pas... Emprunter sans apport reste possible si votre dossier est convaincant.

On parle également de prêts à 100 % (100 % du montant du bien que vous voulez acquérir) ou 110 % (100 % du bien + les frais de notaire).

Voici quelques éléments qui vous permettront d'évaluer vos chances d'obtenir un crédit sans apport au vu de votre dossier :

- forcément, les banques seront d'autant plus vigilantes à la bonne tenue de vos comptes ;
- il est plutôt réservé aux clients de moins de 40 ans, mariés ou vivant en couple ;
- mieux vaut avoir coché la case « CDI » – ou fonctionnaire – et pouvoir prouver votre stabilité professionnelle ;
- votre taux d'endettement* ne dépassera pas les 35 % de vos revenus – et votre reste à vivre* sera suffisant pour rassurer le banquier quant à votre capacité à rembourser ;

- les banquiers accepteront plus facilement d'accorder un prêt immobilier sans apport pour un investissement locatif que pour une résidence principale ou secondaire, d'autant plus que les revenus de vos futures locations pourront être pris en compte dans le calcul de votre taux d'endettement ;
- la caution d'un proche pourrait faire la différence et favoriser l'accession à votre demande. En effet, sans apport, vous représentez forcément un risque supérieur pour l'établissement financier, qu'il faudra rassurer par d'autres moyens.

Votre situation n'a pas besoin d'être « parfaite » pour qu'un crédit vous soit octroyé. Mais on ne peut pas tout avoir non plus !

Investir sans apport, sans revenu fixe, avec des revenus faibles, à 60 ans et avec des crédits à la consommation s'avérera mission impossible. Le « sans apport » suppose de cocher d'autres « bonnes » cases en compensation pour être validé par un banquier.

Témoignage

Edwige, 28 ans, intermittente du spectacle

« Il ne faut pas se mettre de barrières car en réalité, tout est possible ! »

Je m'appelle Edwige, j'ai 28 ans et je suis danseuse professionnelle, donc intermittente du spectacle depuis dix ans. Je voyage beaucoup en enchaînant les contrats et les compagnies. J'aime ce que je fais mais cela ne m'empêche pas de ressentir de l'insécurité et un besoin de stabilité.

J'avais envie de faire des investissements, surtout dans l'immobilier, mais je ne savais pas par où commencer et cela me paraissait inaccessible. J'étais un peu effrayée aussi parce que l'éducation que j'ai reçue ne m'a pas préparée pour ce genre de choses.

En tant qu'intermittente du spectacle, je gagnais environ 1 500 euros par mois. Je n'avais pas d'apport. Je suis allée voir ma banque, et en suivant les bons conseils de Nathalie, je leur ai présenté mon projet. Ils ont accepté de financer la totalité du projet, y compris les frais de notaire.

J'ai acheté un premier appartement que j'ai refait à neuf et mis en location. Et comme je m'ennuyais un peu après cela, j'ai acheté un deuxième appartement, qui a été refait à neuf également. Je suis donc propriétaire de deux appartements que je loue en location meublée non professionnelle.

Mes appartements sont aujourd'hui rentables. Je rembourse le prêt et j'ai en plus une petite marge qui me permet de payer les taxes foncières. Pour l'instant tout va bien, même si – comme ces achats sont récents – j'ai encore beaucoup de déficit, surtout en raison des travaux.

On se met à soi-même des barrières pour réussir et accéder à ses rêves alors qu'en réalité, tout est possible ! Quand je me suis présentée à la banque, j'étais bien préparée. J'avais des arguments forts pour expliquer et défendre mon projet.

Je me sens plus en sécurité mais j'ai encore envie d'investir. Cela a transformé ma vie. Je ressens déjà cette transformation aujourd'hui, mais je crois que je vais la ressentir d'autant plus dans quelques années, quand mes appartements seront entièrement payés/remboursés et me procureront des revenus automatiques nets.

La stratégie « acte en main »

Comme évoqué précédemment, il y a deux raisons pour lesquelles un banquier pourrait être réticent à vous accorder un crédit à 110 %.

Première raison : il peut vouloir tester votre engagement et vous voir investir votre propre argent dans votre projet d'investissement. Après tout, si vous croyez à votre projet, vous ne devriez pas hésiter à y mettre vos économies !

Deuxième raison : puisqu'il s'agit d'immobilier, le bien que vous achetez peut être hypothéqué en guise de garantie. Si pour une raison ou une autre, vous ne remboursiez plus votre emprunt, l'établissement bancaire, détenteur d'une hypothèque*, pourrait alors récupérer tout ou partie de la somme prêtée en vous forçant à la vente du bien.

Les garanties, telles que le crédit logement, sont, elles aussi, adossées à la valeur du bien acheté.

Par contre, les frais de notaire, calculés sur le prix d'achat négocié avec le vendeur, ne peuvent être hypothéqués. La banque ne les récupérera pas si elle vous prête à 110 % (frais de notaire inclus) et que vous faites défaut à votre obligation de remboursement.

La réponse à cette deuxième objection s'appelle l'« achat acte en main ». Dans ce cas, les frais de notaire sont inclus dans le prix d'achat. Ils seront reversés ensuite au notaire par le vendeur.

Cela ne change rien ou presque pour vous : **vous payez toujours le bien au prix négocié avec le vendeur + le montant des frais de notaire** (un peu plus élevé tout de même puisque calculé sur le montant global de la vente inscrit dans la promesse ou le compromis de vente).

Cela change néanmoins pour la banque, qui pourra alors garantir ou hypothéquer la totalité des frais. Et donc vous accorder plus facilement votre financement.

L'« achat acte en main » doit être indiqué dès la promesse ou le compromis de vente.

Comme c'est une vente assez peu connue, je vous conseille de faire rédiger le compromis par un notaire – et de le relire attentivement, pour notamment, qu'aucun frais ne soit mentionné en sus du prix d'achat. C'est l'intérêt de ce type d'acte.

Ne négligez pas les petites surfaces

Je ne terminerai pas ce chapitre consacré à l'achat sans apport sans une incursion au pays des investissements de petite taille. Plus faciles à financer parce que moins gourmands en capitaux, ils pourraient constituer votre passeport vers l'investissement immobilier : je parle ici des parkings, des caves, des box de stockage, de certains terrains… Tous les biens immobiliers demandant un investissement inférieur à 20 000 euros.

Là où un banquier pourrait vous refuser un emprunt sans apport à 200 000 euros, il pourrait être plus compréhensif pour 20 000 ou 50 000 euros ! Certains des investisseurs immobiliers que je croise voient trop petit… quand d'autres voient trop grand ! Un parking à 15 000 euros, parce que très bien situé dans une ville où les places de stationnement sont rares, peut afficher une très belle rentabilité de 10 % nette.

Bien sûr, 10 % de 15 000 euros, soit 1 500 euros par an – 125 euros par mois – ne vous permettront pas de prétendre à une vie de rêve après un seul investissement. Mais ils montreront à votre banquier votre détermination, votre sérieux, votre capacité à investir de manière rentable… et pourraient bien faire pencher la balance pour un second financement, plus gros celui-là, pour lequel vous aurez déjà 1 500 euros d'apport !

Mieux vaut rentrer sur le marché de l'investissement immobilier par la petite porte, plutôt que de rester indéfiniment sur le quai et à l'arrêt !

Chapitre 14

Acheter avec un statut précaire

Le marché du travail évolue :

- Les embauches en CDI sont moins nombreuses : en 2019, seulement 13 % des embauches avaient fait l'objet d'un CDI.
- 9,5 % de la population active a le statut de travailleur non salarié (TNS).
- En 2019, il y avait 1,3 million de micro-entrepreneurs en France.
- 848 800 entreprises ont été créées en 2020.

Il y a donc toutes les chances que vous ou quelqu'un de votre entourage soit confronté un jour à la situation suivante : vouloir investir dans l'immobilier sans être en CDI – ou fonctionnaire.

Fonction publique : sésame pour l'immobilier

Une petite digression sur le statut de fonctionnaire pourrait être salutaire, dans ce chapitre où nous traitons des situations plus ou moins favorables à l'investissement immobilier.

S'il est bien un statut que les banquiers valorisent pour l'octroi d'un crédit, c'est celui de fonctionnaire ! Agent de la fonction publique, vous avez *de facto* la sécurité de l'emploi, très peu de risques de perte d'emploi, un salaire stable, une évolution de salaire prévisible… tout pour rassurer un banquier à qui vous voudriez emprunter de l'argent ! Quelle que soit la catégorie à laquelle vous appartenez – et le niveau de salaire qui en découle –, c'est un atout à ne pas négliger !

Bien sûr, l'investissement est souvent assez éloigné de votre état d'esprit : puisque vous avez la sécurité de l'emploi, pourquoi investir ? Pourquoi rechercher des revenus complémentaires ?

Bien que je sois convaincue qu'il en existe d'autres, je mettrai en avant ici 4 raisons pour investir :

- Tous les fonctionnaires ne sont pas grassement rémunérés… L'immobilier vous apportera un complément de revenus compatible avec un emploi salarié à temps plein.
- La fonction publique est rassurante mais pas toujours stimulante. Vous pourriez avoir envie d'autre chose… mais vous ne lâcherez pas la proie pour l'ombre. La sécurité de l'emploi peut être une bénédiction comme un piège qui empêche d'évoluer. Avec suffisamment de revenus alternatifs à votre emploi, vous retrouverez votre liberté de choisir la voie qui vous inspire le plus.
- L'immobilier est aussi un plaisir et un jeu. Vous pourriez vous découvrir une passion pour l'aménagement, la rénovation, la décoration. Et exprimer ainsi d'autres talents que ceux que vous exploitez habituellement.
- On investit pour maintenant… mais aussi pour après. Pour sa retraite (occupation ? complément de revenus ?) et pour ses enfants.

En tant que fonctionnaire, vous devriez donc profiter au maximum de votre avantage – et pousser la porte de votre banquier, qui vous prêtera généralement sans difficulté, à un taux tout à fait avantageux, éventuellement sans apport… beaucoup plus que vous ne pourriez l'espérer dans une autre situation !

Sans CDI mais pas sans revenus

Ne pas avoir la sécurité de l'emploi que représente un CDI ou le statut de fonctionnaire ne signifie pas ne pas avoir de revenus. Vous pouvez être en CDD, intérimaire, travailleur indépendant, micro-entrepreneur… et obtenir un prêt de votre banquier.

Nous traiterons plus tard du cas des personnes qui sont au chômage ou au RSA et n'ont pas de « revenus d'activité » susceptibles de rassurer leur banquier.

Rappelez-vous qu'une banque, quelle qu'elle soit, est d'abord et avant tout sensible au **risque** qu'elle prend en vous prêtant de l'argent. Votre « travail » sera donc de la **rassurer** avec :

- des comptes bien tenus ;
- un projet dont vous aurez démontré la rentabilité ;
- une demande de prêt qui ne dépasse pas votre capacité d'endettement et préserve votre reste à vivre ;
- un apport (en assumant les inconvénients de votre statut professionnel !) ;
- des attestations ou des projections qui prouveront la pérennité de vos revenus dans le temps, qu'il s'agisse de vos revenus locatifs futurs ou de vos revenus d'activité ;
- vos 3 derniers bilans comptables – en plus de vos 3 derniers avis d'imposition (incontournables de tout dossier de demande de crédit).

Anticiper pour bien emprunter

Les choses deviennent plus compliquées si vous vous êtes installé récemment – encore plus si vous êtes « auto-entrepreneur » – et que vous n'avez pas 3 exercices à présenter à votre banquier.

Voici quelques astuces qui pourront vous faciliter les choses :

- Réfléchir, avant de créer votre entreprise, à la date de clôture de votre exercice comptable. Le premier exercice pourrait n'être que de quelques mois. Vous n'en aurez pas moins un premier bilan à présenter à votre banquier. Exemple : vous créez votre entreprise en février de l'année N et fixez votre date de fin d'exercice en juin. Vous investissez en septembre de l'année N+1 : vous aurez déjà un premier bilan de 5 mois et un deuxième bilan de 12 mois.
- Vous investissez en cours d'exercice... donc pas de troisième bilan à présenter à votre banquier. Un expert-comptable pourra tout à fait vous préparer un « bilan prévisionnel » au vu de ce que vous avez déjà encaissé dans l'année. La caution du comptable suffira probablement à rassurer le banquier.
- Vous vous êtes installé il y a quelques années comme auto-entrepreneur, statut plutôt facile administrativement, qui vous convient bien si vous avez peu ou pas de charges fixes liées à votre activité. Mais c'est un statut dont les banques ne raffolent pas. Il serait peut-être temps, avant de pousser la porte d'une banque pour l'obtention d'un crédit, de créer votre SARL, bien plus crédible aux yeux d'un banquier.
- Autre possibilité : vous faire héberger un temps par une société de portage salarial, qui vous permettra ainsi de revendiquer un profil de salarié.

Toutes ces astuces augmenteront votre crédibilité auprès d'un banquier et faciliteront l'obtention de votre crédit. Elles aboutissent toutes cependant à la même conclusion : un achat immobilier se prépare ! Plus vous imaginerez l'avenir « en avance », plus vous anticiperez et plus vous saurez présenter un bon dossier pour que votre demande de crédit soit acceptée.

Système bancaire français *versus* système anglo-saxon

Il est fréquent que des personnes viennent me voir en faisant l'analyse suivante : « Je n'ai pas de revenus, ou pas de revenus suffisants, mais j'ai des biens que je peux hypothéquer, qui devraient rassurer le banquier et me permettre d'emprunter. »

Ce raisonnement serait juste dans le système anglo-saxon, pas dans le système bancaire français. Au Royaume-Uni, aux États-Unis, au Canada... les banques, pour vous prêter, prennent en considération deux choses :

- votre *ranking*, reflet de votre endettement (pour rappel, dans le monde anglo-saxon, les cartes bancaires sont toutes des « cartes de crédit », adossées à un crédit *revolving** dont vous pouvez ou non faire usage) et de votre bonne gestion (absence d'incident de paiement, épargne...) ;
- la valeur du bien acheté sur lequel la banque prendra une hypothèque qu'elle vous reversera partiellement sous forme de crédit.

Exemple : vous achetez une maison dont la valeur vénale* est de 100 000 euros. La banque vous redonnera sous forme de crédit une somme de 70 000 euros (50 à 70 % de la valeur de l'hypothèque). Si la valeur de la maison augmente, la banque sera d'ailleurs susceptible de vous prêter **à nouveau** en se basant sur la valeur réévaluée de votre bien.

Ce n'est pas le cas en France. Le système latin ne tient pas compte de la valeur du bien. Si la banque prend une hypothèque sur le bien, il s'agit uniquement d'une garantie en cas d'impayés mais en aucune façon d'un élément qu'elle prend en considération pour savoir combien elle peut vous prêter.

Le montant du prêt qui vous est accordé est exclusivement basé sur votre capacité de remboursement mensuel, donc **sur vos revenus** et non sur la valeur de votre bien !

Pour ne pas vous mettre en danger en risquant de ne pas pouvoir rembourser, les banques et le Haut Conseil de stabilité financière ont convenu que votre taux d'endettement (c'est-à-dire la part de votre mensualité de remboursement et de votre loyer – si vous n'achetez pas votre résidence principale – par rapport à vos revenus mensuels) ne pouvait excéder 33 à 35 %. Notez néanmoins qu'il s'agit d'une valeur de référence qui n'a pas force de loi. Vous pourriez faire exception !

L'équivalent, dans le système latin, du crédit anglo-saxon basé sur la valeur des biens, est le crédit lombard. Il revient à obtenir un crédit en hypothéquant un actif (le plus souvent une assurance vie).

Chapitre 15

Votre capacité d'emprunt est dépassée !

Vous n'en êtes pas à votre premier investissement : après l'achat de votre résidence principale, vous voulez maintenant acheter de l'immobilier locatif à haut rendement. Ou vous avez déjà acheté un premier (ou un deuxième) bien et voulez continuer d'investir.

Où que vous en soyez sur le chemin de votre enrichissement, il y a toujours un moment où vous allez vous confronter à une fin de non-recevoir de votre banquier pour un nouvel emprunt.

Comment faire pour investir au-delà de votre capacité d'endettement ?

Aller plus loin à titre personnel

Une banque ne suffit pas

Les banques sont désormais dans l'obligation de suivre les directives du Haut Conseil de stabilité financière (HCSF) dans 80 % des dossiers de crédit qu'elles instruisent. Leur marge de manœuvre porte donc sur 20 % des dossiers – de manière à favoriser l'accession à la propriété d'un maximum de monde. 80 % des dossiers en dépassement des critères du HCSF sont des demandes de crédit portant sur l'achat de la résidence principale.

La fenêtre pour les investisseurs confrontés à leur plafond d'endettement est donc réduite (4 % du total des dossiers) mais elle existe.

Frappez à la porte d'un maximum de banques jusqu'à l'obtention de votre crédit !

Comptabiliser les revenus locatifs

Si vous poussez la porte d'un établissement bancaire pour demander un crédit pour acheter de l'immobilier locatif, vous aurez à justifier de deux montants de revenus :

- vos revenus avant achat (vos revenus d'activité et ceux des investissements que vous avez déjà réalisés) ;
- vos revenus après achat, incluant les revenus locatifs issus de votre futur investissement.

D'un établissement bancaire à l'autre, la prise en compte de ces revenus pourrait varier.

Le HCSF a durci ses conditions pour l'obtention de prêt et a suggéré, en contrepartie, que soient pris en compte 100 % des futurs revenus locatifs. Mais les traditions ont la vie dure et la coutume bancaire voulait que seuls 70 % de vos futurs revenus locatifs soient intégrés à la base de vos revenus (base qui servira de calcul pour connaître votre taux d'endettement) ; ceci afin de tenir compte de vos éventuelles vacances de loyer.

Assurez-vous que 100 % de vos revenus locatifs futurs sont effectivement pris en compte… et faites en sorte d'apporter à la banque la preuve de la meilleure valeur locative possible.

Vos futurs revenus locatifs sont par essence inconnus, puisqu'ils n'existeront qu'une fois le bien acheté et mis en location. La banque se basera donc sur une estimation le plus souvent fournie par une agence immobilière qui connaît le marché locatif local (présupposé de la banque).

Il est sûr qu'une agence immobilière qui connaît son marché a en tête une **fourchette des loyers** – donc des revenus – potentiels sur sa région. L'estimation qu'elle vous fournira pour la banque entrera dans cette fourchette. Mais cette estimation sera-t-elle identique si vous expliquez à l'agence que vous allez :

- louer meublé (loyer plus élevé que la location nue) ;
- louer en colocation et non en location simple (loyer plus élevé en colocation) ;
- rénover votre appartement et le meubler pour faire du haut de gamme (vous visez le haut de la fourchette) ;
- diviser la grande maison que vous achetez en 4 appartements de 50 m^2 (probablement plus rentable que la location d'un bien de 200 m^2) ?

D'une estimation à l'autre, 10 ou 20 % d'écart pourrait faire la différence quant au respect de votre taux d'endettement !

En revanche, vous éviterez autant que possible de parler de location saisonnière à votre banquier : les banques n'aiment pas ce qui ne peut être prouvé. Or, s'il est possible d'estimer vos revenus futurs en location traditionnelle longue durée, il est quasiment impossible de le faire quand il s'agit de location courte durée.

Une conseillère bancaire consciencieuse à qui j'avais parlé de location courte durée (erreur de débutante) avait tenté de se renseigner auprès de l'office de tourisme de la région dans laquelle j'achetais quant au taux de remplissage des gîtes de la région. La réponse de l'office de tourisme avait été des plus inquiétantes (pour un banquier) : « Parfois 10 %, parfois 90 %. Ça varie d'une location à l'autre ! »

Il y a quelques années, j'ai acheté une maison de campagne, avec de nombreuses dépendances, sur un domaine de 2 hectares. J'ai demandé à l'agence (celle par laquelle j'avais acheté ce bien… autre raison pour laquelle j'aime passer par une agence lorsque j'achète de l'immobilier) de me faire une estimation de la valeur locative de l'ensemble. Après rénovation et création d'appartements dans les dépendances, j'aurais disposé, au final, de 4 maisons indépendantes et de 3 appartements sur une propriété de 2 hectares.

L'estimation obtenue était un peu basse pour justifier de mes mensualités d'emprunt auprès de la banque. J'ai donc appelé l'agence et nous avons « négocié » ensemble son estimation : moi, en avançant que je comptais faire une « résidence de luxe à la campagne » (avec piscine, aire de jeux, etc.) ; elle, en étant garante de loyers crédibles pour la région.

Nous sommes ainsi passés, pour l'ensemble, d'une estimation inférieure à 4 000 euros à 4 350 euros.

Investir en société

Vous êtes arrivé au bout des stratégies présentées précédemment et il est clair que vous avez dépassé votre capacité d'emprunt personnel. Pour continuer à investir, il faudra désormais sortir du cadre de l'investissement personnel et songer à investir en société.

Investir en société offre certains avantages :

- Le seuil d'endettement de 35 % ne s'applique pas de la même façon : même dans le cas d'une SCI, la capacité d'endettement de la SCI sera calculée sur les revenus cumulés des associés – moins l'ensemble de leurs crédits en cours. Et non sur vos seuls revenus et votre seul endettement ! Vous pourrez donc emprunter plus.
- Une société permet la réunion de plusieurs personnes : personnes physiques (vous, vos enfants, vos parents, des amis, d'autres investisseurs...) ou morales (vos entreprises...). Ceci est particulièrement intéressant si vous êtes entrepreneur – ou à la tête de votre entreprise : vous pouvez ainsi vous associer avec vous-même, en tant que personne physique, associée à la personne morale dont vous êtes gérant ou président. Vous emprunterez au titre de la société nouvellement créée sur la base de vos revenus et de ceux de votre entreprise originelle.
- Et c'est votre entreprise originelle qui fournira l'essentiel de l'apport, pour peu qu'elle ait une trésorerie positive.

Les types d'entreprises sont nombreux et nous ne pourrons pas tous les décrire ici. Citons seulement les plus souvent rencontrés :

- **La SCI (société civile immobilière)** – dont nous avons déjà parlé – vous permettra de faire de la location nue mais aussi de la location meublée, si elle paye l'impôt sur les sociétés. Elle est utilisée traditionnellement comme outil de transmission du patrimoine et permet d'investir « en famille » (avec vos parents ou vos enfants, mais aussi vos frères et sœurs, vos oncles et tantes, votre conjoint ou votre concubin). Elle peut également être créée entre amis qui veulent investir ensemble.
- **La SARL de famille :** elle est limitée à la famille – ascendants et descendants directs, frères et sœurs, conjoint et partenaire pacsé. Un concubin avec qui vous vivez en union libre ne pourra pas investir avec vous dans une SARL de famille. Ni une personne morale. Le principal intérêt d'une SARL de famille est sa transparence fiscale : même si

vous y faites de la location meublée, vous pourrez bénéficier de la fiscalité des particuliers : bénéfices intégrés à votre feuille d'imposition (imposés sur le revenu) et régime de plus-value de la location meublée (professionnelle ou non professionnelle).

- **La SNC (société en nom collectif)** offre les mêmes avantages que la SARL de famille, mais peut intégrer des associés étrangers ou des personnes morales.
- **Une SARL (société à responsabilité limitée)** est plutôt réservée à des activités d'exploitation, mais rien n'empêche d'utiliser une SARL pour investir.
- **Une SAS (société anonyme simplifiée)** peut également être utilisée pour investir. Mais on retrouvera plutôt une SAS en tant que société holding associée d'une SCI (et apporteuse de capitaux).

L'investissement en société présente également quelques inconvénients :

- La durée des emprunts est souvent limitée à 15 ans (sauf pour les sociétés transparentes où vous pourriez aller jusqu'à 20 ans).
- Le taux d'intérêt pour les crédits professionnels est plus élevé que pour les crédits personnels.
- Lorsque la société a sa propre identité fiscale (société opaque), vous n'avez pas le libre usage des bénéfices qui appartiennent à la société. Vous pourrez les récupérer en vous versant des dividendes (fiscalisés à la *flat tax* de 30 %).
- Les BIC* de la location meublée des particuliers ressemblent à la comptabilité des entreprises : déduction de toutes les charges investies dans l'intérêt de l'activité ; amortissements des immobilisations et déduction des dotations aux amortissements ; report des déficits d'une année sur l'autre. La seule différence notable entre les deux se situe au niveau des plus-values. Lorsqu'un bien acheté à titre personnel et exploité en location meublée non professionnelle répondra de la plus-value des particuliers, un bien acheté à titre professionnel avec une entreprise dépendra des plus-values professionnelles. Beaucoup moins avantageuses !

L'investissement via une société sera donc l'apanage d'investisseurs professionnels ou presque ! Qui se serviront de la fiscalité avantageuse des montages de société et feront de leurs investissements leur source de revenus principale.

Pour ma part, je n'ai jamais investi en propre. Je suis toujours passée par une (ou plusieurs) société(s). Non pas qu'investir à titre personnel soit une mauvaise idée, au contraire ! Le statut LMNP que nous avons vu précédemment est encore un statut très privilégié fiscalement – et dont vous ne devriez pas vous priver, si vous le pouvez.

Ce n'était pas mon cas : j'ai commencé à investir avec un revenu si faible que je ne pouvais porter aucun projet immobilier seule. La création d'une SCI m'a permis de m'associer (l'un des avantages des sociétés) pour présenter au banquier un profil plus susceptible de le convaincre.

Chaque associé ayant également apporté un peu de ses économies, cela nous a permis de constituer un apport crédible avec le montant du projet (rappel : il s'agissait d'un grand appartement parisien. Et qui dit Paris dit… beaucoup d'argent !).

J'ai découvert grâce à cette première expérience un autre intérêt de l'investissement en société : lorsque le montant de l'échéance mensuelle de crédit est important, il est plus confortable que le débit se fasse sur un compte de société, extérieur à vous, et non sur votre compte courant personnel. Vous ne voyez pas apparaître chaque début de mois sur votre compte un débit de 5 000 euros… Légèrement stressant !

J'ai également fait les investissements suivants sous forme de société.

D'une part, parce que si mes revenus avaient augmenté, ils n'étaient toujours pas suffisants pour justifier un remboursement mensuel de 3 500 euros (c'était plus que ce que je me versais chaque mois !).

D'autre part, parce que mes réserves de trésorerie les plus importantes étaient stockées au sein de mes sociétés. Plutôt que de me les verser en salaire ou en dividende (avec des charges sociales et/ou des impôts à payer à chaque mouvement), j'ai préféré en récupérer le maximum pour investir. En créant une nouvelle société (encore une !) entre moi, Nathalie Cariou, personne physique et mes sociétés porteuses de réserves.

Ces réserves sont devenues apport pour mon investissement immobilier. Et les chiffres d'affaires des sociétés associées dans la structure investisseuse se sont additionnés à mes revenus pour garantir au banquier que j'avais les moyens de le rembourser.

En rapprochant le montant des crédits que je paye chaque mois de ma rémunération, mon taux d'endettement serait aujourd'hui de 300 % (je rembourse à la banque trois fois ce que je me verse chaque mois). Autant dire que je n'aurais jamais pu emprunter autant à titre personnel !

Cependant, en y regardant de plus près, je n'ai aucun crédit : mes sociétés ont souscrit des crédits ; je me suis portée caution personnelle pour chacune d'elles (vous n'y échapperez pas !) mais je n'ai souscrit personnellement aucun crédit.

Chapitre 16

Sans revenus, dans le rouge et pourtant…

S'il y a bien une situation dans laquelle l'immobilier semble définitivement hors de portée, c'est lorsque nos finances vont mal ! Que vous soyez « dans le rouge » à la fin de chaque mois et sans épargne pour acheter comptant, ou que vous n'ayez pas de revenus d'activité, vous pensez sûrement que l'immobilier, ça n'est pas pour vous.

Lorsqu'on pense « investissement », on pense le plus souvent en termes d'argent. Investir, dans l'esprit du plus grand nombre, c'est mettre de l'argent sur la table. Et il est clair qu'il vous sera probablement compliqué d'investir de l'argent dans l'immobilier si vous n'en avez pas ! Mais il est possible d'investir bien d'autres choses que de l'argent :

- du temps ;
- du savoir-faire ;
- de l'énergie ;

- un carnet d'adresses ;
- de la crédibilité…

Vous n'avez pas de revenus parce que vous êtes au chômage ? Vous disposez peut-être de plus de temps que les salariés en activité. Votre appétence pour l'immobilier est apparue comme une évidence ? Vous pourriez valoriser les compétences acquises au travers de ce livre dans un métier d'intermédiaire.

Devenir intermédiaire de l'immobilier

Les professions liées à l'immobilier sont nombreuses : agents immobiliers, notaires, maîtres d'œuvre, architectes, artisans… Ces professions réglementées, pour lesquelles il faut à la fois compétences, diplômes et autorisation administrative (une carte T pour les agences immobilières, par exemple), côtoient désormais des professions non réglementées accessibles au plus grand nombre.

Internet permet en effet de se faire connaître et de trouver des clients plus facilement, en faisant l'économie d'une enseigne ou d'une vitrine. Et l'évolution du marché de l'emploi vers davantage d'indépendants (ce que certains appellent l'ubérisation de l'économie) est incontestablement un deuxième facteur de libération des professions. Le statut de micro-entrepreneur y est pour beaucoup.

Voici une première liste de « métiers de l'immobilier », plus accessibles que les métiers traditionnels cités plus haut.

- Agent mandataire en immobilier : comme une agence immobilière, vous recherchez des personnes qui souhaitent vendre leur bien, les mettez en contact avec des acheteurs, faites visiter des maisons et vendez des biens. Mais vous n'êtes pas porteur de la carte T, indispensable pour effectuer des transactions immobilières. Vous êtes un agent mandataire indépendant, rattaché à un réseau (IAD France,

Safti, Capi France, OptimHome, MaxiHome...). Proche du métier d'agent immobilier en agence, vous travaillez avec les outils modernes de communication : Internet en premier lieu.

- Décorateur/architecte d'intérieur : certaines écoles sont reconnues (par le CFAI – Conseil français des architectes d'intérieur – notamment) ; d'autres pas. Mais il s'agit toujours d'une validation « interne » à la profession, sans valeur légale. Rien ne vous empêche d'être un décorateur ou une décoratrice autodidacte !
- Auto-entrepreneur multiservice : inscrit à la chambre des métiers avec un statut de micro-entreprise, vous réaliserez pour des particuliers ou des entreprises des petits travaux intérieurs (peinture, réparation, pose d'un parquet ou d'un lino...) ou extérieurs (entretien du jardin). Habile de vos mains et bricoleur, vous les accompagnerez dans la rénovation de leur immobilier.

Je suis bien consciente des difficultés et des tensions que ces évolutions sociétales créent entre les professions réglementées et les nouveaux arrivants. Les premiers sont formés, répertoriés, assurés... et équipés ! Ils offrent des garanties institutionnelles à ne pas négliger : la garantie décennale d'un plombier, d'un électricien ou d'un maître d'œuvre peut rassurer si vous faites construire votre maison de A à Z.

Mais au fil du temps, ils ont perdu en flexibilité et en agilité, et ne répondent plus toujours aux exigences d'une partie de la clientèle. Comme Uber qui a exploité le fait que le nombre de taxis était insuffisant dans les grandes villes ; qu'il est agréable de commander sa voiture depuis son portable en cliquant trois fois sur un bouton ; de ne pas avoir à payer en sortant et qu'il est encore plus confortable de disposer d'une voiture qui vous attend devant votre porte sans avoir à payer de supplément (4 éléments d'une agilité que les taxis avaient oubliée).

Devenir agent immobilier, architecte d'intérieur ou entrepreneur multiservice demande quelques compétences techniques – et éventuellement une formation complémentaire – mais des professions moins techniques, plus orientées sur le service, ont également vu le jour : conseil en immobilier, concierge, prestataire immobilier...

Depuis la promulgation de la loi Alur en mars 2014 (loi pour l'accès au logement et un urbanisme rénové), les chasseurs d'appartement et les gestionnaires de bien immobilier, tout comme les agents immobiliers, sont soumis au respect de la loi Hoguet* et à l'obtention d'une carte T ou G*. Celles-ci peuvent être obtenues suite à une formation spécifique et doivent être régulièrement renouvelées (avec obligation de formation continue).

Vous pourrez donc vous former pour obtenir la carte T (comme transaction) ou G (comme gestion) – ou piocher dans les professions suivantes :

- coach en immobilier ;
- entretien de bien immobilier ;
- prestataire de services pour propriétaires de biens immobiliers (en pratique, conciergerie !).

Toutes ces professions vous sont accessibles, quels que soient votre situation et votre niveau d'études. Elles demandent d'investir du temps et permettent d'exploiter vos connaissances de l'immobilier pour gagner de l'argent. Considérez-les comme des tremplins pour vous lancer dans l'immobilier, en particulier si vous êtes un peu court financièrement.

Acquérir un bien immobilier SANS l'acheter

On peut également faire de l'immobilier sans être intermédiaire et gagner de l'argent avec l'immobilier sans être propriétaire : en faisant de la sous-location.

Respecter la loi

Contrairement aux idées qui circulent sur la sous-location, celle-ci n'est pas interdite en France. Elle est soumise à deux conditions :

- vous devez avoir l'accord de votre propriétaire. Et comme les paroles s'envolent, il va sans dire que vous demanderez un accord écrit ;
- dans des conditions d'exploitation identique, vous ne pouvez pas sous-louer plus cher au mètre carré que ce que vous louez vous-même.

Je vous donne un exemple : vous louez un appartement vide pour 800 euros par mois. Vous partez pour 6 mois à l'étranger et voulez le sous-louer pendant ces 6 mois. La sous-location sera de 800 euros par mois. Dans ces conditions, il va sans dire que vous ne gagnerez pas d'argent avec la sous-location en relouant votre appartement pendant les vacances – ou en relouant une partie de votre résidence principale.

Pour gagner de l'argent avec la sous-location immobilière, il faut que **le mode d'exploitation du bien soit différent**. Donc, par conséquent, qu'il ne s'agisse pas de votre résidence principale mais d'un bien loué spécifiquement pour en faire de la sous-location.

Comment gagner de l'argent avec la sous-location

À chaque fois que vous entendrez parler de sous-location rentable (et il est fort à parier que vous en entendiez parler car c'est une méthode d'investissement à la mode), il s'agit donc d'un bien :

- que l'investisseur concerné loue en longue durée, soit nu, soit meublé ;
- pour lequel il a obtenu l'accord de son propriétaire pour faire de la sous-location ;
- qu'il reloue en location courte durée à des particuliers s'il s'agit d'une maison ou d'un appartement ; à des entreprises ou à des professions libérales à l'heure, à la journée ou au mois s'il s'agit d'une surface professionnelle ou commerciale.

Dit autrement, la sous-location est une autre manière d'acquérir un bien pour l'exploiter selon l'une ou l'autre de ces méthodes à haut rendement : la location courte durée ou la location commerciale.

Seule différence avec un achat : vous n'êtes pas propriétaire du bien... Vous n'en serez que locataire, avec les limites que cela impose :

- vous devrez vous adapter à la physionomie du bien car vous ne referez pas la maison de la cave au grenier ;
- vous aurez besoin de l'accord du propriétaire pour y effectuer des travaux ;
- que vous arriviez ou non à louer le bien, vous aurez un loyer à payer (même en période de confinement !).

Ce sont les principaux inconvénients de la sous-location. Mais les avantages sont de fait bien supérieurs aux inconvénients !

Les avantages de la sous-location

Pour ceux dont les conditions professionnelles et/ou financières ne permettent pas d'acheter, l'avantage de la sous-location est clair : cette méthode d'investissement vous permet de faire de l'immobilier (comme si vous étiez propriétaire et même peut-être mieux !) ; de devenir rentier de l'immobilier, sans avoir à emprunter, sans avoir à présenter vos comptes à un banquier ou à sortir de votre poche le fameux CDI que vous n'avez pas.

Bien sûr, le propriétaire à qui vous allez louer vous demandera de justifier de vos revenus... avec un bulletin de salaire ou un avis d'imposition. Et il faudra en principe lui prouver, comme pour toute location, que vous gagnez au moins trois fois le montant du loyer envisagé.

Vous ne pourrez pas louer un château en gagnant 1 000 euros par mois mais un studio de 20 m^2 à 350 euros devrait être dans vos moyens.

Même si vous avez déjà un appartement en location ! Car aucun propriétaire au monde n'a le droit de vous demander de justifier vos dépenses ou de lui fournir vos relevés de banque : que vous soyez ou non à découvert à la banque ne le regarde pas ! Pas plus que le fait que vous ayez déjà un appartement en location (dans lequel vous vivez)… ou deux… ou trois.

Deux appartements de 350 euros avec 1 000 euros de revenus ? Je vous vois déjà paniquer à l'idée d'un reste à vivre dérisoire de 300 euros.

C'est oublier que les loyers d'un appartement dédié à la sous-location rapportent de l'argent et sont largement couverts par les rentrées collectées auprès des locataires.

Cet appartement pris en location pour être reloué est donc un investissement, plus rentable qu'un crédit pendant toute la durée d'exploitation du bien, car à bien égal, le loyer payé pour la location est le plus souvent inférieur au montant du crédit payé pour l'achat.

Lorsque vous ne voudrez plus exploiter ce bien, vous donnerez votre préavis et le rendrez à son propriétaire. C'est l'autre différence par rapport à l'achat (où vous pourrez faire une plus-value au moment de la revente, en plus des loyers encaissés tout au long de l'exploitation du bien) et c'est aussi un autre avantage de la sous-location : si vous changez d'avis, si l'exploitation du bien ne donne pas les résultats escomptés, il est extrêmement facile de se désengager. Sans impact financier majeur.

J'insisterai sur le fait qu'étant uniquement locataire du bien, vous n'avez pas non plus à assumer un certain nombre de dépenses importantes, comme un ravalement de façade ou l'entretien de la toiture.

Vous n'aurez pas grand mal à convaincre un propriétaire intelligent des avantages de vous louer avec une autorisation de sous-location. Vos arguments sont en effet nombreux :

- un bien qui s'autofinance : il n'y aura donc pas d'impayés ;
- une location de longue durée : plus de vacances locatives pendant tout le temps où vous serez locataire ;

- un bien parfaitement entretenu ;
- et comme vous aurez besoin d'un appartement ou d'une maison en parfait état de fonctionnement, il est fort probable que vous prendrez à votre charge beaucoup de petits travaux normalement à la charge du propriétaire.

Vous pouvez en savoir plus sur la sous-location en consultant le site que j'ai créé spécifiquement à cet effet : https://souslocationimmo.com

Témoignage

Natacha Sallai, concierge et investisseuse en propre et en sous-location

« De salariée investisseuse, je suis devenue indépendante gestionnaire de locations saisonnières ! »

J'ai acheté ma première maison à 19 ans. À l'époque j'étais salariée dans la grande distribution, ce qui me convenait parfaitement : pas trop de responsabilités mais cela me permettait avec mon « Sésame CDI » de pouvoir financer mes divers projets immobiliers. J'ai donc commencé par investir pour moi.

Après une dizaine d'acquisitions, j'ai décidé de quitter mon travail, pour gérer mes locataires et surtout parce que j'avais acheté un immeuble où il y avait beaucoup de travaux à faire et qu'il me fallait du temps. Je pensais que cela me suffirait pour m'occuper... Mais 18 mois plus tard, les travaux de l'immeuble étaient terminés, les locataires mis en place et je me retrouvais sans réelle activité.

J'ai répondu à une annonce postée par Nathalie qui cherchait une gestionnaire pour l'ouverture de ses nouveaux gîtes en Touraine : j'avais déjà passé un de mes logements en location saisonnière. Je me suis dit : « Ce n'est pas très compliqué ; allons-y ! »

De salariée investisseuse, j'étais devenue indépendante gestionnaire de locations saisonnières ! Un grand pas à franchir car j'avais à l'époque de sacrées croyances : pour moi, ne pas avoir de fiche de paye, c'était comme ne pas avoir de revenus.

J'ai regardé les annonces parues sur leboncoin pour trouver d'autres propriétaires à la recherche d'une gestionnaire. Et j'ai entendu pour la première fois le mot cash-flow !

Jusque-là, l'investissement immobilier consistait pour moi à acheter un appartement, à y mettre un locataire pour qu'il paye le crédit et tout le monde était content.

Après 3 mois à m'occuper des biens dont j'avais la gestion, j'ai vite compris l'opportunité réelle de la location saisonnière !

Ensuite, tout s'est enchaîné très vite : j'ai acquis 2 appartements que j'ai mis en location courte durée, et en parallèle j'avais toujours plus de demandes par le bouche-à-oreille et les amis d'amis.

Je n'ai jamais eu de site Internet ni l'envie d'en créer un : pas besoin !

En moins d'un an, j'avais atteint un total de 15 logements en gestion permanente et un peu plus en saison. J'ai dû très vite monter une équipe car je ne pouvais pas être partout, trouver un local pour stocker les draps et les produits ménagers, négocier un contrat avec un blanchisseur et mettre en place une vraie organisation.

Mais j'avais aussi envie de lancer d'autres locations saisonnières à titre personnel sans trop savoir comment faire car la banque ne m'aurait plus suivie.

Un jour, après avoir reçu 50 appels dans la semaine pour des demandes de location d'un de mes studios situé à proximité d'une centrale nucléaire, j'ai dit à mon conjoint : « Je me rends sur place. Quoi qu'il arrive ce soir, soit on est propriétaires d'un nouvel appartement, soit j'ai trouvé un truc à louer et je ferai de la sous-location. »

J'ai donc pris rendez-vous avec une agence immobilière qui proposait à la location un petit studio. Je lui ai expliqué que je voulais le louer mais que je ne viendrais pas habiter dedans, qu'il me servirait à faire de la location courte durée et que leur seul travail était de convaincre le propriétaire grâce aux arguments convaincants que je leur donnais : le logement serait toujours bien entretenu car je suis notée et que c'est un critère de remplissage ; je ne louerais pas pour 6 mois mais pour du long terme ; et j'avais de bonnes garanties financières.

Voilà comment j'ai mis en place ma première sous-location. Très vite suivie de 4 autres, dont un grand gîte de groupe.

Aujourd'hui, je gère une quarantaine de locations saisonnières, y compris les miennes.

J'ai donc créé une conciergerie bien que je me sente plus une gestionnaire qu'une conciergerie !

Je refuse régulièrement des logements que l'on me propose de gérer : la peur du manque a fini par me quitter et je préfère prendre les logements qui m'intéressent vraiment.

C'est un travail qui prend du temps si l'on veut gagner sa vie correctement : les voyageurs vous sollicitent à point d'heure ; il faut savoir se rendre disponible en cas de problème (une ampoule grillée, une télé déréglée, une fuite…) ; être réactif lorsqu'on répond à une annonce. Mais j'apprécie la diversité de ce métier, de gérer mon temps, de ne pas avoir d'horaire… ni de patron.

Pour aller plus loin

Nat Easy Conciergerie (natachasallai@hotmail.fr)

Chapitre 17

Presque de l'immobilier !

Peut-être avez-vous envie d'investir dans l'immobilier ; peut-être avez-vous déjà essayé d'obtenir le crédit immobilier nécessaire à votre achat… sans succès pour l'instant.

Il a pu vous être avancé que votre situation financière n'était pas assez bonne (manque de revenus) ou que vous n'aviez pas assez d'antériorité (en tant qu'entrepreneur) ou que vos revenus ne pouvaient pas être pris en considération (chômage, indemnité journalière de Sécurité sociale…).

Quoi qu'il en soit, vous êtes au point mort et pas loin de penser, avec plus ou moins de fatalisme ou de ressentiment, que l'investissement immobilier, c'est sûrement bien pour les autres, mais ce n'est pas pour vous.

Je vous laisse découvrir dans les pages qui suivent l'histoire de Dorothée.

L'immobilier de plein air pourrait être LA réponse à vos difficultés. Ça a les apparences de l'immobilier, la même rentabilité – et même plus – mais ce n'est pas de l'immobilier.

Investir dans un mobile home, c'est investir dans un véhicule et non dans une maison. Cela ne se finance donc pas avec un crédit immobilier, mais avec un crédit auto – ou un crédit à la consommation. Ce n'est tellement pas de l'immobilier que vous n'aurez d'ailleurs même pas à passer chez le notaire pour entériner votre achat : un simple acte sous seing privé* suffira à acter la vente.

Si le taux du crédit est en général un peu plus élevé et la durée de remboursement bien plus courte (5 à 7 ans en moyenne), c'est un crédit beaucoup plus simple à obtenir qu'un crédit immobilier.

Il est d'usage de financer sa voiture à crédit. Aucune garantie particulière n'est demandée. Pas de dossier sans fin à remplir. Pas de délai interminable entre votre demande et l'octroi du crédit !

Les avantages d'un mobile home

À part son appartenance à la catégorie mobilier (et non immobilier), exploiter un mobile home ressemble à s'y méprendre à l'exploitation en courte durée d'un petit appartement.

Avec quelques avantages supplémentaires !

- Comparativement à un appartement de même taille, le mobile home est quatre à cinq fois moins cher. Quand un appartement de 40 m^2 coûtera 90 000 à 100 000 euros (plus les frais de notaire !), un mobile home coûtera 20 000 à 25 000 euros. Pour un nombre de couchages plus important.
- L'achat d'un mobile home est généralement clefs en main, voire totalement équipé (vaisselle et literie comprises). Vous pourriez donc acquérir un mobile home le jeudi… et le louer dès le samedi !
- L'intérieur d'un mobile home a été pensé pour qu'il n'y ait aucune place perdue. On trouve des mobile homes nouvelle génération de 40 m^2, parfaitement optimisés, permettant de coucher jusqu'à

8 personnes. Et il va sans dire que plus de couchages signifie un tarif plus élevé en location courte durée.

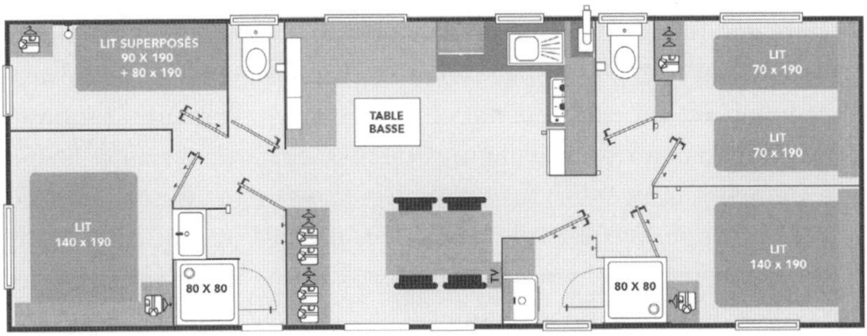

Figure 5 – Exemple de mobile home de 40 m² pour 8 personnes

Ces simples données :

- tarif de location plus important à surface équivalente qu'un studio avec moins de couchages,
- prix d'acquisition quatre à cinq fois inférieur à un achat immobilier de même taille…

… permettront à n'importe qui de comprendre que le mobile home constitue un petit investissement à forte rentabilité. Une rentabilité qui permet largement de couvrir le crédit et de retirer un bénéfice.

Les inconvénients d'un mobile home

- Pas question ici de plus-value à la revente ! Comme une voiture, un mobile home se déprécie. Vous l'exploiterez 8 à 12 ans puis le céderez pour une valeur résiduelle minime. Mais pendant tout le temps où vous l'aurez exploité, il vous aura rapporté de l'argent.

- Vous ne mettrez pas votre mobile home dans le fond de votre jardin. C'est tout simplement interdit. Par contre, une yourte, un tipi ou une cabane dans les arbres pourraient être une alternative intéressante et autorisée (moyennant déclaration préalable en mairie s'ils font plus de 5 m^2 au sol). Un mobile home ne peut être exploité que dans un camping ou un parc résidentiel de loisir*. Vos locataires profiteront des infrastructures du camping (piscine, épicerie, terrains de sport, éventuelles animations) mais vous devrez régler au camping une redevance correspondant à la location de la parcelle sur laquelle le mobile home est installé – pour laquelle vous n'êtes pas prioritaire – et à l'utilisation de ses infrastructures.
- N'étant pas totalement « chez vous », vous devrez donc composer avec le propriétaire ou le gérant du camping, propriétaire de la parcelle et responsable du camping dans son ensemble. Ce qui, comme toutes les relations humaines, amène son lot de tensions et d'éventuelles incompréhensions.
- Les contrats de service entre propriétaires de mobile home et propriétaires de camping sont très peu normalisés aujourd'hui. On y trouve donc le meilleur et le pire. Cela vous obligera à lire très attentivement votre contrat de location – et peut-être à vous former un minimum pour éviter les écueils qui rendraient l'opération non rentable.
- S'agissant d'un « petit » investissement, même avec une rentabilité nette élevée, vos gains resteront modestes. Il est néanmoins possible de « faire fortune » dans l'immobilier de plein air en multipliant les acquisitions. Ou vous considérerez qu'il s'agit d'un tremplin pour aller vers d'autres investissements immobiliers plus traditionnels.

Témoignage

Dorothée Moigne

« Comment un refus bancaire m'a amenée à découvrir l'immobilier de plein air... »

Il y a quelques années, je cherchais à investir pour la première fois. Mon projet, c'était d'acheter un studio pour l'exploiter en location saisonnière. J'étais auto-entrepreneuse depuis 3 ans, j'avais un petit apport de 4 000 euros et j'empruntais seule.

Rendez-vous à la banque qui m'annonce qu'elle pourra me prêter 30 000 euros. C'était assez pour me permettre de faire mon premier investissement.

Je me mets en quête d'un appartement et je choisis une ville que je connais : ma ville de naissance, en bord de mer. Je trouve l'appartement et je mets 6 mois à le négocier pour qu'il rentre dans mon budget (frais de notaire et travaux compris). Tout s'annonce bien. Comme convenu, je retourne voir le banquier avec mon compromis signé. On monte le dossier, avec tous les papiers nécessaires (déclarations de chiffre d'affaires, feuille d'impôt, relevés de compte, etc.).

Trois semaines plus tard, coup de téléphone et coup de théâtre : mon prêt est refusé !

Je cherche d'autres banques, je prends d'autres rendez-vous, je fais appel à un courtier... Rien à faire : le projet tombe à l'eau.

Je suis alors totalement déprimée. Je veux pouvoir investir moi aussi ! J'ai le droit, moi aussi, de diversifier mes revenus ! S'ensuit une intense période de réflexion avec des questions telles que : pourquoi je veux investir ? Pourquoi je veux faire de la location saisonnière ? Et la réponse m'est apparue clairement : je souhaitais créer un lieu où les gens vont en vacances.

D'où cette autre question : où les gens vont-ils en vacances ? C'est là que j'ai repensé à mes propres vacances, quand j'allais avec mes parents... au camping. À l'époque, nous louions une caravane. Depuis, les caravanes ont été majoritairement remplacées par des mobile homes.

Comment faisait-on pour acheter un mobile home ? J'ai alors découvert un élément clé qui va faire toute la différence : le mobile home est une habitation légère de loisirs dont la réglementation n'a rien à voir avec l'immobilier, et comme c'est assimilé à un véhicule, on peut le financer avec... un crédit à la consommation.

J'ai donc cherché un mobile home à acheter, et je suis allée à la banque. Une autre banque. Une qui était juste à côté de chez moi, devant laquelle je passais depuis des années sans m'y arrêter. Cette fois, j'y suis entrée.

J'ai expliqué franchement mon projet au banquier : acheter un mobile home pour le mettre en location, et générer ainsi des revenus locatifs. Et là, miracle, parce qu'il s'agit d'un crédit conso, mon projet passe ! En effet, pour un crédit à la consommation, les conditions d'obtention sont beaucoup plus légères que pour un crédit immobilier.

À l'époque, ma banque ne connaissait pas les mobile homes ; on a donc coché la case « camping-car » (aujourd'hui, les banques connaissent de plus en plus les mobile homes, car de nombreux particuliers ont recours au crédit conso pour acheter leur propre mobile home). Et c'est ainsi que je suis entrée dans l'univers de l'immobilier de plein air.

Pour l'anecdote, quelque temps plus tard, je suis retournée voir mon banquier, qui, voyant mes premiers résultats, m'a demandé : « Au fait, vous avez toujours votre projet de studio en bord de mer ? » Moi : « Oui. » Lui : « Si vous voulez, je vous le finance. » Avec un nouveau prêt (immobilier cette fois) de 30 000 euros. Qui m'a servi à financer un nouveau studio que j'exploite aujourd'hui en location saisonnière.

Je continue aujourd'hui à investir dans les mobile homes, car c'est devenu pour moi une solution d'investissement rentable et beaucoup plus accessible que l'immobilier.

L'univers du camping est un milieu avec des codes un peu « à part », qu'il vaut mieux connaître. Débutante à l'époque, j'en ai fait les frais. J'ai carrément dû déménager mon premier mobile home, me retrouvant confrontée à une gérante malhonnête et jalouse de mes résultats (mon mobile home était loué bien plus souvent que les siens).

Pour aller plus loin

Il y a tant d'éléments fondamentaux à savoir sur l'immobilier de plein air pour bien acheter sans se tromper, que j'ai créé une société d'accompagnement dans l'achat de mobile home : Mobilhome gagnant – https://www.immobilierdepleinair.com/

J'y donne des conseils pour :

- acheter votre mobile home au juste prix ;
- bien analyser le contrat de location que l'on signe avec le camping ;
- équiper et décorer votre mobile home ;
- mettre en location votre mobile home pour obtenir des taux de remplissage proches de 95 %, comme moi.

Quelle rentabilité attendre d'un mobile home

Vous calculerez la rentabilité et le cash-flow issus de l'exploitation d'un mobile home comme ceux d'une location courte durée classique :

- à la rubrique « Revenus » : les loyers de vos clients touristes ou vacanciers ;
- à la rubrique « Charges » :
  - la redevance due au camping ;
  - les frais de petit équipement ;
  - l'électricité ;
  - les frais d'annonce (pourcentage sur les ventes ou frais fixes) ;
  - les frais de gestion et de ménage, selon que vous sous-traitez ou non ;
  - mais pas de taxe foncière… ce n'est pas de l'immobilier !

Voici le lien qui vous permettra de calculer votre rentabilité et votre cash-flow (voir également en annexe 6) : https://nathaliecariou.com/calculs

La rentabilité nette d'un mobile home bien géré devrait s'établir à 15 ou 20 % de votre investissement initial et le cash-flow autour de 1 200 à 1 500 euros par an (soit 100 euros par mois).

Chapitre 18

Mauvaise santé

Lorsque vous vous adressez à une banque pour obtenir un crédit, celle-ci vous demande de souscrire une assurance emprunteur. C'est l'assureur auprès de qui vous avez souscrit cette assurance qui remboursera à la banque son emprunt si vous veniez à décéder alors que le crédit n'est pas entièrement remboursé ; ou si vous étiez en invalidité, donc empêché de travailler.

C'est donc l'assureur – et non la banque – qui pourrait refuser de vous assurer si vous êtes en mauvaise santé (comme il pourrait le faire si vous êtes trop âgé) : dans ce cas, le risque est plus élevé pour lui d'avoir à rembourser la banque à votre place.

Il pourra, selon les cas, accepter de vous assurer moyennant une surprime ou refuser purement et simplement de vous assurer.

Jouer la substitution d'assurance

Vous n'êtes pas le ou la seule à avoir été opéré d'un cancer, à avoir une maladie orpheline, à souffrir de diabète ou d'un problème cardiaque. Les cas de « mauvaise santé » sont légion.

C'est pourquoi certains assureurs se sont spécialisés dans les « cas à risque », qu'ils assurent mieux et pour moins cher que les compagnies d'assurance intégrées aux banques qui vous accordent le crédit. Ils sont spécialisés, sont plus à même d'évaluer le risque réel et vous proposeront donc souvent une surprime inférieure à celle de la banque.

Faire appel à une assurance spécialisée demande un peu plus de temps : si vous savez que votre situation de santé sera un problème, anticipez et trouvez votre assureur avant même de trouver le crédit ! Un courtier en crédit ou un courtier en assurance vous y aideront.

La convention AERAS et le droit à l'oubli

Devant les difficultés de certaines personnes à obtenir une assurance emprunteur, les pouvoirs publics ont négocié avec les assureurs et les banques le droit à l'oubli et la convention AERAS.

Le **droit à l'oubli** vous donne la possibilité de ne pas déclarer une maladie si plus de 10 ans se sont passés sans rechute.

La convention AERAS (s'Assurer et Emprunter avec un Risque Aggravé de Santé) limite votre surprime d'assurance qui ne pourra pas dépasser 1,4 point de plus que le **taux effectif global (TEG)** de votre crédit immobilier.

Pour bénéficier de la convention AERAS, le montant de votre crédit ne pourra être supérieur à 320 000 euros (640 000 euros si vous être assuré à 50 %) et la dernière échéance de votre emprunt devra arriver avant votre 71e anniversaire.

L'objectif de ce dispositif est que le banquier et l'assureur fassent leur maximum pour que vous puissiez emprunter dans les conditions les moins défavorables possible mais cela ne signifie pas pour autant la garantie à 100 % d'un résultat positif !

Pas d'assurance emprunteur

L'assurance emprunteur n'est pas une obligation. Rares sont les banques cependant qui accepteront de vous prêter sans.

Vous pourriez néanmoins réussir à emprunter sans assurance emprunteur – ou avec une assurance limitée au décès – si vous investissez dans du locatif… Puisque vous louez et que votre emprunt est couvert par vos revenus locatifs, votre incapacité éventuelle à travailler ne mettra pas en péril votre capacité de remboursement.

Autre manière de passer outre le problème de l'assurance emprunteur, emprunter à deux ou trois, dans le cadre d'une SCI par exemple, et ne pas assurer l'emprunt sur votre tête.

Cela signifie que la société continuera à s'acquitter de son crédit s'il vous arrive malheur ; alors que l'assurance se substituera à l'un ou l'autre de vos associés en cas de décès ou d'invalidité puisque l'assurance emprunteur porte sur leur tête.

C'est le même type de montage que l'on retrouvera en s'associant avec une personne « trop âgée » pour prendre l'assurance emprunteur sur sa tête.

Cas particulier de l'AAH

Les détenteurs de l'allocation adulte handicapé (AAH) sont aux premières loges parmi les cas de risques aggravés répertoriés par les assurances. Risques auxquels s'ajoutent :

- le fait que certaines banques ne considéreront pas l'AAH comme un revenu stable ;
- le montant faible de l'AAH (quelques milliers d'euros si on ajoute les quelques majorations existantes), qui amène rapidement à toucher les limites de sa capacité d'endettement ;
- l'impossibilité de saisir la résidence principale d'une personne en situation de handicap – et donc pour la banque l'impossibilité de prendre une garantie sur celle-ci en l'hypothéquant.

Cela diminue le champ des possibles mais ne rend pas pour autant l'achat immobilier impossible pour une personne en situation de handicap : il s'agira d'anticiper et de renverser l'ordre des choses – aller d'abord chercher le financement avant d'aller chercher le bien à acheter.

Témoignage

Christophe D., investisseur en longue maladie

« Imaginez un couple d'investisseurs, lui victime d'un AVC, elle d'un cancer encore sous chimiothérapie... »

Mon épouse et moi avons commencé à investir en 2014, dans un premier chalet avec sauna, dans les Hautes-Vosges à La Bresse (88), que nous avons rénové. Il est situé à presque 1 000 m d'altitude, à proximité d'une station de ski et des départs de sentiers de randonnées.

À l'époque, nous étions encore en activité professionnelle tous les deux. Pour ma part, j'étais fonctionnaire et mon épouse était assistante maternelle. Nous avons acheté ce chalet via un prêt bancaire sans apport, pour accroître notre patrimoine immobilier. Pour le financer nous avons décidé de l'exploiter en location saisonnière et mon épouse s'est mise en auto-entrepreneuse, car moi, en tant que fonctionnaire, je ne peux pas être gérant d'une entreprise quelle qu'elle soit et sous quelque forme juridique qu'elle soit.

Très rapidement, nous avons bien loué notre chalet, y avons vu un potentiel intéressant et avons souhaité continuer à investir. Toujours suivis par notre banquier qui nous a accordé un crédit sans apport, nous avons acheté un appartement de 75 m² sur les pistes de La Plagne, à 2 100 mètres d'altitude, dans une résidence Pierre & Vacances. Que nous avons intégré à une SARL familiale pour faciliter la transmission de nos biens à notre fils.

Cet appartement pouvait accueillir jusqu'à 7 personnes. Il était magnifique, disposait de tout le confort nécessaire et était doté d'une vue imprenable sur le mont Blanc à partir de la terrasse faisant l'angle du bâtiment. Mais la fermeture des infrastructures de Pierre & Vacances en intersaison et les frais de l'agence à qui nous avions délégué la gestion ont eu tôt fait de nous coûter cher et d'entamer la rentabilité de cet appartement. Fin 2016, nous décidions de le revendre.

En janvier 2017, j'ai fait un AVC et mon épouse déclarait, quelque temps après, un cancer.

Nous avions donc un chalet qui se louait très bien à La Bresse et une SARL familiale sans activité, faute de bien à gérer... En 2018, nous décidons d'acheter un nouveau chalet avec sauna à La Bresse – rénové et intégré dans la SARL familiale (plus facile à gérer, dans une station offrant plein d'activités autant l'été que l'hiver : ski alpin, ski nordique, randonnées, VTT, parapente, cheval... ; pour un taux d'occupation de 45 semaines par an).

À l'époque, quand nous sollicitons notre banquier pour cette nouvelle acquisition, nous sommes tous les deux, mon épouse et moi, en longue maladie. Et nous sommes rapidement confrontés à un problème d'assurance. En investissant via une SARL de famille (fiscalement transparente), les garanties demandées aux gérants et associés sont les mêmes que lorsqu'on investit en nom propre.

Imaginez un couple d'investisseurs, lui victime d'un AVC, elle d'un cancer encore sous chimiothérapie... Après de longues négociations, notre banquier a accepté de nous assurer pour le décès et l'invalidité, en excluant l'incapacité de travail, et ceci à un taux assez élevé.

En faisant jouer la concurrence, et en y laissant pas mal d'énergie, nous avons finalement pu obtenir notre crédit à presque toutes nos conditions.

Depuis peu, nous vivons de notre entreprise car nous avons développé une société de conciergerie. Nous gérons d'autres chalets et appartements pour des investisseurs majoritairement étrangers. Nous les conseillons également dans leurs choix et les aidons à mettre leur projet en place.

Cela nous a permis de nous rémunérer et de changer de vie ! Nous avons la chance de travailler dans un cadre magnifique et envisageons même de nous y installer.

Pour finir, je souhaite apporter quelques précisions : nous n'avions pas de parents riches, au contraire. Nous nous sommes mariés à 18 ans et nous avons commencé notre vie en location dans un F1 de 27 m² avec pour seuls meubles une table, deux chaises et un canapé-lit. La cuisine était dans la même pièce.

Nous n'avions pas le sou et nous n'avons pas hérité. Tout ce que nous avions était notre volonté de réussir et nos emplois.

Les erreurs à ne pas commettre

- S'arrêter au premier refus venu.
- Renoncer à l'immobilier parce qu'on pense être trop vieux ou dans une situation compliquée : la limite d'âge est bien plus lointaine qu'on ne le pense !
- S'imaginer qu'il n'y a qu'une manière de faire de l'immobilier – alors que l'on peut vivre de l'immobilier sans même devenir propriétaire, avec la sous-location, ou en étant gestionnaire de biens.
- Croire que « c'est possible ou ça n'est pas possible » quand il faudrait se demander : comment faire pour que ça devienne possible ?

Conclusion

Au fil des pages qui précèdent, je vous ai donné de multiples clefs pour investir dans l'immobilier en sachant où vous mettez les pieds, sans courir de trop grands risques et en investissant de manière à gagner véritablement de l'argent avec vos investissements.

J'ai partagé avec vous les témoignages d'investisseurs et d'investisseuses bien réels (pour la plupart des clients qui ont appris avec moi) qui vous ont certainement inspiré pour entreprendre vous aussi.

Des experts m'ont gracieusement prêté leur plume et ont enrichi mes propos quant au domaine qu'ils maîtrisent le mieux : les travaux, la négociation, l'achat de bien, la location courte durée ou la colocation. Une autre vision, des astuces bonnes à prendre, qui pourront faire toute la différence.

J'espère vous avoir convaincu que tout le monde ou presque peut vivre de l'immobilier ; vous avoir donné envie de découvrir un univers passionnant : l'art de vivre en tant que rentier de l'immobilier.

Vous voici armé pour entrer dans l'univers des investissements immobiliers et faire de cet univers votre terrain de jeu !

Mais cela est-il fait pour durer ? Les stratégies de ce livre seront-elles toujours d'actualité dans un, deux ou cinq ans ? À quelles évolutions du marché faut-il s'attendre ?

- Les conditions d'accession au crédit se durcissent.
- Il est fort probable que, sous la pression de l'inflation, les taux d'intérêt finissent par remonter… un peu ou beaucoup suivant la politique de la Banque centrale européenne.
- Pour tenir compte des difficultés des ménages à faire face au coût de la vie en général et des loyers en particulier, les pouvoirs publics accentuent leur pression : les loyers des programmes de défiscalisation sont plafonnés ; de plus en plus de villes optent pour un encadrement des loyers (pas d'une grande efficacité mais quand même présent).
- La fiscalité immobilière locale explose.
- Les normes environnementales à venir vont rendre un certain nombre de logements dits « passoires énergétiques » impropres à la location – ou nécessiter de gros travaux de remise aux normes (à partir de 2025, les logements de classe énergétique F et G ne pourront plus être mis en location).
- Le prix des matières premières influe sur le coût des travaux – pression passagère ou durable ? Nul n'est capable de le dire aujourd'hui !

Ceci ne sonne pas la fin de l'immobilier pour autant. L'immobilier reste et restera pour quelque temps encore un outil financier pour se constituer un patrimoine avec l'argent des autres.

Mais il est sûr que vivre de l'immobilier va devenir affaire de spécialiste et demandera de savoir s'y prendre. Ce que ce livre a dû vous apprendre.

> « Au début, ils vous demanderont pourquoi vous le faites.
> À la fin, ils vous demanderont comment vous le faites. »

Pour certains, ce livre constituera le déclencheur d'une nouvelle vie d'investisseurs. D'autres avaient déjà commencé – et j'espère que vous aurez pu progresser grâce à lui.

Pour ceux qui auront envie d'être accompagnés pour aller plus loin, vous trouverez toutes les informations nécessaires en suivant ce lien : https://clefsdelareussite.fr

Et en inscrivant vos coordonnées, vous pourrez non seulement télécharger le magazine *Liberté* que j'ai élaboré pour tous ceux qui rêvent de liberté financière mais aussi rester au courant de mon actualité future.

Une dernière chose : voici un mail, accueil@clefsdelareussite.fr, à disposition de ceux qui voudraient partager leur témoignage ou me donner leurs impressions après lecture de ces pages.

Glossaire

Première partie

Acte authentique de vente : Acte établi par le notaire qui atteste que vous êtes effectivement propriétaire du bien.

Blockchain : Technologie de stockage et de transmission des informations sans organe de contrôle. C'est une base de données distribuées (à l'échelle de la planète), protégée contre la falsification.

Classe d'actifs : Une classe d'actifs est une catégorie de placements dont le retour sur investissement varie de manière autonome, indépendamment des autres classes d'actifs. Les actions, les obligations, l'immobilier, les matières premières, les cryptomonnaies sont des classes d'actifs.

Cryptomonnaies : Monnaies issues de la blockchain. Sans pièces ni billets, elles n'existent que sous forme virtuelle (lignes d'écriture dans un ordinateur).

Effet de levier : Ce qui permet d'aller plus vite et plus haut, qui décuple la rentabilité d'un placement. Dans l'immobilier, la division et le crédit sont deux leviers très utilisés.

Inflation : L'augmentation généralisée des prix. En augmentant le montant que vous devez investir pour acquérir tel ou tel bien, l'inflation érode la valeur de l'argent année après année. Elle agit aussi en matière d'immobilier. Pour un montant donné, on acquerra moins de mètres carrés aujourd'hui qu'il y a 20 ans – même dans un marché immobilier stagnant.

Liberté financière : Un état où vous n'avez plus l'obligation de travailler pour gagner de l'argent ; où vous êtes libre de faire ce que vous voulez de votre temps – y compris ne pas travailler – parce que vos investissements suffisent à assurer votre train de vie.

Loi Alur : Loi du 24 mars 2014 pour l'accès au logement et un urbanisme rénové. C'est elle qui a introduit notamment l'encadrement des loyers en « zone tendue ».

Mode d'exploitation : C'est la manière dont vous faites « travailler » votre immobilier. Un bien immobilier peut être exploité en nu (sans meubles) ou en meublé. Il peut être loué pour une longue période (bail classique) ou pour une courte période (location saisonnière ou de courte durée). Il peut être destiné à un seul locataire (location classique) ou à de multiples locataires (colocation).

NFT : Jetons non fongibles, un certificat d'authentification. Ils permettent de stocker n'importe quel objet numérique sur la blockchain : une image, un GIF, une vidéo en en identifiant le propriétaire.

Placements financiers : Au contraire de l'immobilier, votre argent est investi dans des titres (actions, obligations, SCPI...), des devises ou des valeurs financières. Vous investissez de l'argent qui vous est rendu avec une rémunération (l'intérêt).

Plus-value : C'est la différence entre le prix (ou la valeur comptable) d'un bien à la vente et le prix (ou la valeur comptable) à l'acquisition. Le prix d'acquisition tient compte des frais associés (notaire, agence) et du coût de remise en état (travaux).

Rentabilité annuelle : Combien vous rapportera telle somme, placée sur tel ou tel support (placements financiers, immobilier...). La rentabilité permet de comparer ce que peut rapporter tel investissement par rapport à tel autre.

Revenus automatiques : On parle aussi de revenus passifs. Ce sont des revenus non proportionnels au temps passé pour les acquérir. Soit qu'il faille peu de temps passé pour générer beaucoup de revenus. Soit que le temps investi une fois permette de toucher une rente différée dans le temps.

SCPI : Société civile de placement immobilier. Vous achetez des parts d'une société qui elle achète de l'immobilier. Une manière indirecte de gagner de l'argent avec l'immobilier. Ce que l'on appelle aussi de la pierre papier. La rémunération offerte par les parts de SCPI actuellement tourne autour de 5 %.

Tokenisation des actifs : Tout actif du monde réel peut être numérisé, puis décomposé en parties plus petites que l'on appelle des jetons *(tokens)*. Chaque jeton représente une partie de l'actif numérisé et les droits de propriété qui y sont associés. Tout peut être tokenisé.

Deuxième partie

Amortissements : Certains achats ne sont pas consommables et ont une durée de vie qui dépasse l'année : les meubles, le bien lui-même, les travaux. Le coût d'achat sera alors réparti sur toutes les années d'utilisation du bien (par exemple : 3 ou 5 ans pour une literie) – c'est ce qu'on appelle l'amortissement.

Assurance PNO : Assurance propriétaire non occupant. Que vous devrez souscrire si vous faites de l'immobilier locatif. Les effets personnels des locataires sont assurés par les locataires.

Bail mobilité : Contrat de location meublée de courte durée créé par la loi ELAN en 2018. Il s'adresse aux locataires temporaires (étudiants, salariés en mission). Sa durée va de 1 à 10 mois, sans renouvellement.

Bénéfice/Déficit foncier : C'est le bénéfice (ou le déficit) issu de la location de biens nus. Seul l'immobilier nu crée des revenus fonciers.

BIC (bénéfice industriel et commercial) : C'est la catégorie à laquelle appartiennent les revenus issus de la location meublée (professionnelle ou non professionnelle).

Cash-flow (trésorerie) : C'est ce qui reste sur votre compte quand vous avez tout encaissé et tout payé.

Chambre d'hôte : Alors que le meublé de tourisme est en « gestion libre », la chambre d'hôte se trouve dans la maison d'un hôte, dont la présence est obligatoire. Tout comme le petit-déjeuner inclus dans le prix à la nuit.

Charges au forfait : Il y a deux manières de facturer les charges à vos locataires :

- vous pouvez inclure une provision pour charges que vous régularisez en fin d'année en fonction de ce que vous avez effectivement dépensé ;
- ou vous facturez « au forfait » en estimant ce que vous aurez à payer. Méthode plus rapide à condition de bien estimer vos charges… En effet, vous ne pourrez pas modifier votre forfait pendant le bail.

C'est la seule manière de facturer l'électricité si vous faites de la colocation.

Classement d'un meublé de tourisme : Un meublé de tourisme peut être classé ou non classé, à votre demande. Atout France, les offices de tourisme sont habilités à classer votre bien (classement valable pour 5 ans). Le classement (entre 1 et 5 étoiles) permet de profiter d'un régime micro-BIC plus avantageux (voir ci-après).

***Coliving* :** Un concept venu de Londres (en anglais : *coliving* = vivre ensemble) où il est particulièrement difficile de se loger à un prix raisonnable. Sont apparus des immeubles, sortes de colocations géantes, où les espaces privatifs sont réduits à la chambre, quand les espaces communs permettent de vivre et de passer du temps ensemble : salon, salle à manger, cuisine, espace pour travailler, salle de cinéma, etc.

Colocation : L'art de vivre à plusieurs dans un même espace. Un appartement ou une maison loués en colocation abriteront plusieurs locataires qui disposeront chacun d'un espace privé (chambre) et profiteront des espaces communs : salon, cuisine, salle de bains…

Garantie VISALE : Elle est proposée par Action Logement et remplace la personne qui se porte caution. Elle est gratuite. Si votre locataire rentre dans les conditions d'attribution de la garantie VISALE, c'est l'équivalent d'une garantie loyers impayés (GLI).

Intérêts d'emprunt : C'est le taux que vous payez à l'organisme financier qui vous a prêté l'argent nécessaire à votre achat immobilier. Dans une échéance de prêt, il y a une partie qui sert à rembourser le capital qui vous a été prêté + une partie qui correspond aux intérêts (coût du crédit) + la dernière partie qui est celle de l'assurance du prêt.

LMNP : Loueur meublé non professionnel. Un statut réservé aux particuliers (les entreprises ne sont pas « LMNP »). L'avantage de ce statut : celui de la location meublée pour tout le temps que dure l'exploitation ; mais soumis à la plus-value des particuliers en cas de vente.

LMP : Pour être loueur meublé professionnel, il faut que les revenus tirés de la location meublée soient majoritaires au sein de votre foyer et que votre chiffre d'affaires soit supérieur à 23 000 euros. Fiscalement parlant, le statut de loueur meublé professionnel n'est pas tout à fait identique à celui de LMNP (imputation des déficits sur l'ensemble des revenus ; régime de plus-value spécifique).

Location courte durée ou LCD : La location courte durée, ou location saisonnière, consiste à mettre à la location un logement meublé pour une durée allant d'une nuit à plusieurs mois (90 jours maximum), à des personnes dont ce n'est pas le domicile.

Location meublée : La liste des meubles et équipements à fournir à votre locataire pour qu'il s'agisse d'une location meublée est détaillée dans la loi Alur. (Voir en annexe 1.)

Location nue : Vous mettez une maison, un appartement ou un bureau à disposition de votre locataire sans meubles. La cuisine peut être équipée.

Meublé de tourisme : Un meublé de tourisme est un studio, une maison, un mobile home, un appartement, une villa… mis à disposition exclusive d'un locataire qui y séjourne en courte durée, pour une ou quelques nuits. Il doit être déclaré en mairie.

Micro-BIC : C'est le régime forfaitaire rattaché aux BIC. Le contribuable ne déclare plus ses revenus et ses charges au réel mais indique juste le chiffre d'affaires qu'il a réalisé, sur lequel le fisc appliquera un abattement de 50 % (71 % si vous exploitez un meublé de tourisme classé ou une chambre d'hôte) avant de l'inclure dans vos revenus imposables.

Réduction d'impôt : Certaines dépenses, qui vont dans le sens de la politique générale de l'État (les emplois à domicile par exemple pour lutter contre le travail non déclaré) donnent droit à une réduction d'impôt. Au contraire du crédit d'impôt, la réduction d'impôt ne vous est pas remboursée. Si vous n'êtes pas imposable, vous perdez la réduction d'impôt.

Régime microfoncier : Le régime forfaitaire associé aux revenus fonciers. Les charges en location nue étant moins élevées qu'en location meublée, ce régime est moins avantageux que le micro-BIC : 30 % d'abattement seulement, avant fiscalisation.

Tranche marginale d'imposition : L'impôt sur le revenu n'est pas identique pour tous les revenus. En fonction du montant de vos revenus, vous payez plus ou moins. Sur la partie de vos revenus inférieurs à 10 084 euros, vous ne payez pas d'impôt. Sur la partie de vos revenus compris entre 10 084 et 25 710 euros, vous payerez 11 %. 30 % sur la tranche suivante ; puis 41 et 45 %. La tranche la plus haute à laquelle vous accédez est votre tranche marginale d'imposition.

VEFA : Vente en état futur d'achèvement. Vous achetez un bien sur plan, encore à construire.

TROISIÈME PARTIE

Assurance emprunteur : De manière à s'assurer du remboursement du crédit qu'elle vous a octroyé, une banque vous demandera de souscrire une assurance emprunteur, qui lui garantit le remboursement du crédit en cas de décès ou d'incapacité à travailler. C'est vous qui décédez… c'est elle qui est assurée.

Compromis de vente : Bien que le bien n'ait pas encore changé de main, c'est une vente anticipée. Le compromis vaut vente. Le vendeur comme l'acheteur s'engage à finaliser la transaction à un prix convenu.

Crédit amortissable : Avec un crédit amortissable, chaque mois, vous remboursez une partie du capital qui vous a été prêté. Et des intérêts calculés sur la partie du capital non remboursé. C'est pourquoi la part d'intérêts du crédit amortissable (crédit le plus courant) baisse de mois en mois.

Crédit *in fine* : Le capital est intégralement remboursé lors de la dernière échéance du prêt. Les échéances intermédiaires sont composées exclusivement d'intérêts (+ assurance). Les échéances sont donc moins élevées que dans un crédit amortissable – mais le crédit coûte plus cher au final puisque les intérêts, constants, sont calculés sur l'ensemble du capital restant dû.

Destination d'un bien : La destination d'un bien est définie par le code de l'urbanisme. Elle détermine pourquoi le bâtiment a été édifié. Le code de l'urbanisme distingue plusieurs destinations aux biens immobiliers : habitation, bureau, bâtiment agricole…

FAI : Frais d'agence inclus. Le prix affiché pour le bien inclut les frais d'agence (entre 4 et 5 % du prix du bien généralement).

Maître d'œuvre : C'est la personne qui s'assure de la bonne réalisation des travaux. Elle a le plus souvent des compétences d'architecte. Elle coordonne le chantier, encadre les artisans et vérifie la conformité des travaux. Elle a forcément une assurance décennale puisque responsable, en dernier recours, de l'ensemble du chantier.

Maître d'ouvrage : C'est la personne qui dit quels travaux elle veut réaliser, qui signe les devis et qui paye. Le maître d'ouvrage, c'est vous !

Plan de coupe : C'est une représentation du bien « coupé en deux » (comme si vous coupiez un gâteau pour visualiser les différentes couches superposées qui le composent). On y voit les pentes et les déblais du terrain mais aussi l'intérieur de la maison (ou de l'appartement), sa hauteur, son volume…

Plan de masse : Le plan de masse est une représentation graphique aérienne d'un terrain, qui permet de visualiser l'ensemble d'un projet. Il doit donner aux services d'urbanisme suffisamment d'informations pour leur permettre de délivrer le permis de construire (ou de valider la déclaration préalable).

Promesse de vente : Vous signez une promesse par laquelle le vendeur s'engage à vous vendre son bien, et vous à l'acheter – sauf à lui verser 10 % de dédommagement si vous changez d'avis en dehors des cas prévus par la loi.

Référencement : Pour apparaître en première page d'un moteur de recherche, sur Internet, il faut être bien référencé ; c'est-à-dire qu'un internaute qui cherche « une maison de vacances », « une chambre d'hôte de charme », etc., devra facilement vous trouver sur Internet.

Usage d'un bien : L'usage correspond à l'utilisation effective du bien. Elle est régulée par la mairie qui, en maîtrisant l'usage qui est fait des locaux, veut protéger le parc d'habitation.

Quatrième partie

Acte sous seing privé : Une convention écrite entre deux parties, rédigée et signée en vue de régler une situation contractuelle, sans qu'intervienne un notaire ou un avocat.

Crédit *revolving* : C'est un crédit à la consommation dont la réserve se reconstitue automatiquement quand il est remboursé. Une sorte de crédit permanent.

Hypothèque : C'est l'une des garanties possibles que demandera la banque afin de vous accorder votre prêt. Elle permet à la banque de saisir le bien en cas de défaut de remboursement du crédit. L'hypothèque est une sûreté réelle (saisie du bien).

Parc résidentiel de loisir (PRL) : Terrain aménagé au sens du décret D. 3333 du Code de l'urbanisme. Il est spécialement aménagé pour accueillir ses visiteurs dans des habitations légères de loisir (HLL) ou des résidences mobiles (mobile homes). À la différence du camping, on y trouvera peu ou pas d'emplacements nus.

Reste à vivre : Ce qui reste à disposition d'une personne ou d'un ménage une fois réglées les dépenses contraintes (loyer, électricité, chauffage…).

SCI : Société civile immobilière. C'est une société dont l'activité est civile (la location) et non commerciale – dont les règles de fonctionnement seront fixées dans le Code civil et non dans le Code du commerce – et consiste en l'acquisition de biens immobiliers.

Taux d'endettement : Le montant (en pourcentage) de vos revenus consacré au remboursement des crédits et au loyer. La doctrine bancaire fixe ce taux d'endettement à 33-35 % maximum. S'il est dépassé, votre crédit sera d'autant plus difficile à obtenir.

Valeur vénale d'un bien : La valeur de votre bien sur le marché.

Annexes

Annexe 1 : Liste des équipements obligatoires pour une location meublée

La loi Alur (24 mars 2014) a permis de doter la location meublée d'une définition légale : « Un logement meublé est un logement décent équipé d'un mobilier en nombre et en qualité suffisants pour permettre au locataire d'y dormir, manger et vivre convenablement au regard des exigences de la vie courante. »

Cette définition s'accompagne d'une liste précise des éléments que l'on doit obligatoirement trouver dans un logement meublé loué à titre de résidence principale ou dans le cadre d'un bail mobilité :

- de la literie comprenant une couette ou une couverture ;
- un dispositif d'occultation des fenêtres dans les pièces destinées à être utilisées comme chambre à coucher ;
- des plaques de cuisson ;
- un four ou un four à micro-ondes ;
- un réfrigérateur et congélateur ou, au minimum, un réfrigérateur doté d'un compartiment permettant de disposer d'une température inférieure ou égale à 6 °C ;
- de la vaisselle nécessaire à la prise des repas ;
- des ustensiles de cuisine ;
- une table et des sièges ;
- des étagères de rangement ;
- des luminaires ;
- du matériel d'entretien ménager adapté aux caractéristiques du logement.

Annexe 2 : Liste des équipements suggérés pour une colocation ou une LCD

		Colocation	Location courte durée
CUISINE			
Verres à eau	Nbre de personnes × 2	X	X
Verres à pied	Nbre de personnes	X	X
Carafe	1	X	X
Bols petit-déjeuner	Nbre de personnes	X	X
Mugs	Nbre de personnes	X	X
Tasses	Nbre de personnes	X	X
Assiettes plates	Nbre de personnes × 2	X	X
Assiettes creuses	Nbre de personnes	X	X
Petites assiettes	Nbre de personnes	X	X
Plats de service	2	X	X
Saladiers	2	X	X
Fourchettes	Nbre de personnes × 2	X	X
Couteaux normaux	Nbre de personnes	X	X
Couteaux à viande	Nbre de personnes	X	X
Grandes cuillères	Nbre de personnes	X	X
Petites cuillères	Nbre de personnes × 2	X	X
Couverts à salade	1	X	X
Cuillères en bois	2	X	X
Économe	1 ou 2	X	X
Louche	1	X	X
Fouet	1	X	X
Pelle	1	X	X
Ciseaux de cuisine	1	X	X
Couteaux de cuisine	2	X	X
Verre doseur	1		X
Râpe à fromage	1	X	X
Presse-citron	1		X
Essoreuse à salade	1		X
Grande passoire	1	X	X
Tire-bouchon	1	X	X
Décapsuleur	1	X	X
Sets de table	Nbre de personnes	X	X
Plateau	1	X	X
Corbeille à pain	1	X	X
Dessous de plat	1	X	X
Planche à découper	1 ou 2	X	X
Moule à tarte	1	Au choix	X
Manique	1	X	X

Casseroles	De 2 à 4	X	X
Poêles	2	X	X
Cocotte-minute	1	Option	X
Couvercles	2	X	X
Plats à four	1 ou 2	X	X
Nécessaire barbecue	Si barbecue		X
Cafetière	1	X	X
Bouilloire électrique	1	X	X
Grille-pain	1	X	X
Mixeur plongeur	1	Option	X
Appareil à raclette	En option	Option	Option
Tapis protège évier	1	X	X
Brosse à vaisselle	1		X
Éponge	1		X
Torchons	2		X
Vase	1		X
SALON			
Télévision	1 dans le salon	X	X
Jeux de société	Plusieurs tous âges	Option	X
BUANDERIE			
Balai	1	X	X
Balayette	1	X	X
Pelle	1	X	X
Seau	1	X	X
Balai lavage	1	X	X
Aspirateur	1	X	X
Étendoir	1	X	X
Tabouret pliable	1		X
SALLE DE BAINS			
Sèche-cheveux	1		X
Tapis salle de bains	1 par douche et baignoire		X
Tabouret	1 par salle de bains	X	X
CHAMBRES			
Couette	1 par lit	Au choix	X
Oreillers	1 par personne	Au choix	X
Protège matelas	1 par lit	X	X
Cintres	10 par chambre	X	X
Fer à repasser	1	X	X
Table à repasser	1	X	X

ANNEXE 3 : RENTABILITÉ ET CASH-FLOW EN LOCATION TRADITIONNELLE

Revenus	Loyer mensuel	× 12	Loyer annuel
Loyers (charges comprises)		× 12	
Charges	Mensuelles	× 12	Annuelles
Assurance PNO			
Gestion (agence)			
Taxe foncière			
Charges de copropriété			
Assurance loyers impayés			
Eau (éventuellement)			
Électricité (éventuellement)			
Chauffage (éventuellement)			
Total charges			
Revenus nets *(revenus – charges)*			
Rentabilité			
Investissement			
Bien			
Frais d'agence			
Frais de notaire			
Travaux			
Ameublement (si meublé)			
Total frais d'acquisition			
Rentabilité *(revenus nets/frais d'acquisition × 100)*			
Cash-flow (trésorerie)			
Revenus nets			
Mensualités de crédit		× 12	
	Mensuel		Annuel
Cash-flow *(revenus nets – mensualités de crédit)*			

Annexe 4 : Rentabilité et cash-flow en colocation

Revenus *(charges comprises)*	Loyer mensuel	× 12	Loyer annuel
Chambre 1		× 12	
Chambre 2		× 12	
Chambre 3		× 12	
Chambre 4		× 12	
Total revenus			
Charges	Mensuelles	× 12	Annuelles
Assurance PNO			
Gestion (agence)			
Taxe foncière			
Charges de copropriété			
Assurance loyers impayés			
Eau (éventuellement)			
Électricité (éventuellement)			
Chauffage (éventuellement)			
Internet			
Total charges			
Revenus nets *(revenus – charges)*			

Rentabilité

Investissement	
Bien	
Frais d'agence	
Frais de notaire	
Travaux	
Ameublement (si meublé)	
Total frais d'acquisition	
Rentabilité *(revenus nets/frais d'acquisition × 100)*	

Cash-flow (trésorerie)

Revenus nets			
Mensualités de crédit		× 12	
	Mensuel		Annuel
Cash-flow *(revenus nets – mensualités de crédit)*			

Annexe 5 : Rentabilité et cash-flow en location courte durée

Revenus	Basse saison	Moyenne saison	Haute saison
Tarif à la nuit (hors ménage et linge)			
Nombre de semaines			
Taux de remplissage *(nombre de nuits/30)*			
CA saisonnier *(tarif × nbre de semaines × taux de remplissage)*			
Total revenus			

Charges	Mensuelles	× 12	Annuelles
Assurance			
Charges de copropriété			
Eau			
Électricité			
Chauffage			
Internet			
Gestion			
Consommables			
Taxe foncière			
Total charges			
Revenus nets *(revenus – charges)*			

Rentabilité

Investissement	
Bien	
Frais d'agence	
Frais de notaire	
Travaux	
Ameublement (si meublé)	
Total frais d'acquisition	
Rentabilité *(revenus nets / frais d'acquisition × 100)*	

Cash-flow (trésorerie)

	Mensuel		Annuel
Revenus nets			
Mensualités de crédit		× 12	
Cash-flow *(revenus nets – mensualités de crédit)*			

ANNEXE 6 : RENTABILITÉ ET CASH-FLOW POUR UN MOBILE HOME

Revenus	Basse saison	Moyenne saison	Haute saison
Tarif à la nuit (hors ménage et linge)			
Nombre de semaines			
Taux de remplissage *(nombre de nuits/30)*			
CA saisonnier *(tarif × nbre de semaines × taux de remplissage)*			
Total revenus			

Charges	Mensuelles	× 12	Annuelles
Redevance camping			
Assurance			
Eau			
Électricité			
Chauffage			
Internet			
Gestion			
Consommables			
Total charges			
Revenus nets *(revenus – charges)*			

Rentabilité

Investissement	
Bien	
Frais d'agence	
Frais de notaire	
Travaux	
Ameublement (si meublé)	
Total frais d'acquisition	
Rentabilité *(revenus nets / frais d'acquisition × 100)*	

Cash-flow (trésorerie)

	Mensuel		Annuel
Revenus nets			
Mensualités de crédit		× 12	
Cash-flow *(revenus nets – mensualités de crédit)*			

Annexe 7 : Annexe de désignation des colocataires

Le présent document est une annexe au contrat de bail ayant pris effet au *(date de prise d'effet du contrat de bail)* pour la location du logement situé au *(adresse du logement)*, et a la même valeur contractuelle que le contrat de bail.

Le contrat de bail de colocation est conclu entre les soussignés :

Le Bailleur
Nom :
Prénom :
Domicilié :
Désigné en tant que « le Bailleur » dans le contrat de bail

ET

Le **Colocataire 1**
Nom :
Prénom :
Domicilié :
Adresse mail : Téléphone :

Désigné ci-après « Le Colocataire »

ET

La **Caution 1**, garantissant le **Colocataire 1**
Nom :
Prénom :
Domicilié :
Adresse mail : Téléphone :

Le bail conclu entre le Bailleur et le **Colocataire 1** ci-dessus désigné prend effet à compter du *(date de prise d'effet)*.

Il est précisé que le **Colocataire 1** occupera la chambre n° *(ajouter le numéro de chambre)*.

<u>En cas d'arrivée d'un colocataire se substituant à un colocataire partant :</u>

Monsieur/Madame XXX colocataire entrant se substitue à *Monsieur/Madame YYY* colocataire sortant.

Fait à *(lieu)* le *(date)* en trois exemplaires.

Le Bailleur Le Colocataire La Caution

Annexe 8 : Principaux éléments que vous pourriez inclure dans votre règlement intérieur de colocation

Ce règlement intérieur de colocation a pour but de définir les règles de vie de la colocation. Il est une partie intégrante du bail de colocation.

1 - Organisation de l'espace de colocation

Les pièces suivantes sont considérées comme des parties communes : *(à nommer).*

Les pièces suivantes sont considérées comme des parties privatives : chambres.

2 - Parties privatives

Les parties privatives (chambres) sont réservées à l'usage exclusif d'un seul locataire mentionné au bail.

Chaque colocataire occupe la chambre qu'il (elle) a choisie ou qui lui a été affectée sur le contrat de bail.

Il est interdit de loger et d'héberger, même temporairement, des personnes extérieures et non mentionnées sur le contrat de bail.

3 - Répartition des tâches ménagères

Tous les colocataires doivent participer aux tâches ménagères.

Les tâches ménagères incluent :

- le nettoyage et l'entretien des parties privatives ;
- le nettoyage et l'entretien des parties communes ;
- le nettoyage et l'entretien des appareils électroménager ;
- la vaisselle.

4 - Vie en communauté

Afin de ne pas nuire à la tranquillité des autres colocataires, chaque colocataire s'engage à respecter les lieux et les autres colocataires (pas de bruit, pas de musique excessive…) et à ne pas recevoir de visites à des heures tardives.

Les colocataires s'engagent à respecter les voisins et la tranquillité de la copropriété (pas de nuisances sonores).

Il est interdit d'organiser des fêtes dans l'appartement.

Il est interdit de fumer dans l'appartement.

Les animaux domestiques et de compagnie ne sont pas autorisés dans la colocation.

Par ailleurs, les colocataires s'engagent à :

- utiliser l'appartement et ses équipements dans la limite de leur usage normal ;
- respecter les autres colocataires ;
- informer immédiatement le bailleur de tout ce qui aura été cassé ou endommagé ;
- réparer ou remplacer les éléments abîmés, cassés ou endommagés après en avoir informé le bailleur ;
- maintenir le logement dans un état de propreté.

5 - Utilisation d'Internet

Le bailleur met un abonnement Internet à disposition des colocataires.

Les colocataires sont informés que tous les dépassements liés à la souscription ou l'utilisation de services payants (abonnements à des chaînes payantes, vidéos à la demande…) devront être pris en charge par les colocataires utilisateurs de ces services (à défaut, par l'ensemble des colocataires).

Le bailleur pourra réclamer aux colocataires, dès réception de la facture, le montant lié à l'utilisation des services payants.

Les colocataires s'engagent à ne pas utiliser l'accès Internet à des fins de reproduction, de représentation, de mise à disposition ou de communication au public d'œuvres ou d'objets protégés par un droit d'auteur ou par un droit voisin, tels que des textes, images, photographies, œuvres musicales, œuvres audiovisuelles, logiciels et jeux vidéo, sans autorisation.

Le bailleur sera en droit de résilier le contrat conclu avec le fournisseur d'accès Internet s'il constate une utilisation contraire à la loi, ou la consommation de contenus payants qui ne font pas partie du forfait de base. Dans cette hypothèse, les colocataires n'auront droit à aucune diminution de loyer, et devront conclure un contrat de fourniture d'accès à Internet avec le fournisseur de leur choix et à leurs frais, à charge pour eux de procéder à sa résiliation à leur départ.

6 - Équipements de l'appartement

L'appartement est loué meublé avec une liste d'équipements mobilier et électroménager.

Il appartient aux colocataires de prendre soin du logement et des éléments fournis.

En cas de dégât ou de dégradation du bien ou des équipements, les frais engagés pour les réparations ou les remplacements seront répartis équitablement entre les colocataires, si ceux-ci incombent aux locataires et s'il n'y a pas de colocataire identifié qui supportera alors la totalité du coût de la réparation ou du remplacement.

7 - Assurance habitation (si le bailleur la fournit)

Le bailleur ne pourra en aucun cas être tenu pour responsable de la perte, de la détérioration ou du vol des effets personnels d'un ou de plusieurs colocataire(s). Il appartient à chaque colocataire de souscrire, conformément à la loi, une assurance couvrant les risques liés à sa responsabilité civile.

Le bailleur souscrit une assurance habitation spécifique pour le compte des colocataires, cette assurance couvrant les risques habitation habituels, mais pas les dommages que pourraient subir les affaires personnelles des colocataires.

Chaque colocataire se verra remettre un jeu de clefs donnant accès à l'immeuble et à l'appartement, et le cas échéant un badge d'accès : ces clefs sont sous la garde du colocataire qui ne doit pas les prêter à qui que ce soit, ni les vendre, et doit veiller à ne pas les perdre, auquel cas une somme correspondant au coût de duplication des clefs et le cas échéant du badge serait facturée au colocataire en cours de location ou retenue sur le dépôt de garantie à la fin du contrat de bail.

8 - Assurance habitation (si le bailleur ne la fournit pas)

Le colocataire entrant devra, conformément à la loi, souscrire une assurance habitation et remettre une copie d'attestation d'assurance au bailleur lors de la remise des clefs.

9 - État des lieux de sortie

Au moment de l'état des lieux de sortie, le logement devra être rendu dans le même état que celui de l'entrée des lieux. À défaut, une retenue sera prise sur le dépôt de garantie pour remettre le logement en état.

10 - Visites de l'appartement

Les colocataires sont informés que le bailleur (ou un de ses représentants) bénéficie d'un droit de visite du logement, afin de vérifier l'état d'entretien du logement et/ou l'état des installations électriques de l'appartement.

Le bailleur (ou l'un de ses représentants) viendra notamment visiter l'appartement dans les situations suivantes :

- état des lieux d'entrée d'un nouveau colocataire ;
- état des lieux de sortie d'un colocataire en place ;
- visite de l'appartement avec un candidat potentiel suite au préavis de départ donné par un colocataire en place ou lorsqu'une chambre est disponible à la location.

Les colocataires seront informés en avance de la visite du propriétaire ou de l'un de ses représentants.

11 - Prestation de ménage (si le bailleur la fournit)

Les colocataires s'engagent expressément à maintenir les lieux propres et à les entretenir indépendamment de la fourniture par le bailleur d'un service de ménage.

De la même façon, ils s'engagent à laisser le prestataire de services accéder aux locaux suivant des horaires à définir entre eux afin que ledit prestataire soit en mesure de procéder au nettoyage.

Les colocataires ne pourront en aucun cas solliciter une diminution de leur loyer en cas de suppression, de suspension, ou d'interruption de la prestation de nettoyage, ladite prestation étant proposée à titre gratuit et n'étant pas une composante de la détermination du loyer.

Date et lieu

Prénoms et noms des colocataires

Signatures

ANNEXE 9 : CALCULER VOTRE CAPACITÉ D'EMPRUNT

Vos revenus mensuels	Emprunteur 1	Emprunteur 2	Emprunteur 3
Salaire ou bénéfice			
Dividendes			
Autres revenus (chômage, allocations...)			
si l'un des emprunteurs a un salaire			
AAH			
Revenus locatifs déjà en place			
Total revenus			
Revenus de tous les emprunteurs			

Revenus locatifs à venir			
Lot 1			
Lot 2			
Lot 3			
Lot 4			
Total revenus locatifs		70 % à 100 %	
Total revenus mensuels			
Votre capacité d'endettement totale		35 % des revenus	

Crédits mensuels en cours ***(crédit immobilier, conso, loyer)***		
Crédit 1		
Crédit 2		
Loyer		
Total endettement actuel		
Capacité d'endettement corrigée ***(capacité d'endettement totale – endettement)***		*Soit votre mensualité maximum*

À partir de cette mensualité, un calculateur en ligne vous donnera une approximation de votre capacité d'emprunt : https://www.meilleurtaux.com/credit-immobilier/simulation-de-pret-immobilier/

Annexe 10 : Documents à fournir pour un dossier de prêt

Concernant l'acquéreur

- Carte d'identité ou passeport
- Justificatif de domicile
- 3 derniers bulletins de salaire si vous êtes salarié
- 3 derniers avis d'imposition
- Relevés bancaires des 3 derniers mois
- 3 derniers bilans si vous êtes à votre compte ou président/gérant/ profession libérale

Pour les personnes morales :

- Kbis
- Statuts
- 3 derniers bilans

Concernant le projet

- Compromis ou promesse de vente
- Estimation de la valeur locative (par agence)
- Statuts de la personne morale substitutive

Concernant les garanties et cautions

- Attestation de propriété de chaque bien
- Dernières taxes foncières (2 ou 3)
- Tableau d'amortissement et offre de prêt pour les crédits en cours

FSC
www.fsc.org
MIXTE
Papier issu de sources responsables
FSC® C007507

Troisième tirage avril 2024
Dépôt légal : février 2022
Imprimé en Espagne par Graphycems

Cet ouvrage est imprimé sur de l'offset 90 g.